D1484780

Les hasards
nécessaires

Données de catalogage avant publication (Canada)

Vézina, Jean-François

Les hasards nécessaires: la synchronicité dans les rencontres qui nous transforment

1. Coïncidence – Aspect psychologique. 2. Relations humaines.
3. Jung, C. G. (Carl Gustav) 1875–1961. I. Titre.

BF637.C45V49 2001   158.2   C2001–941451–X

DISTRIBUTEURS EXCLUSIFS:

• Pour le Canada
  et les États-Unis:
  MESSAGERIES ADP*
  955, rue Amherst
  Montréal, Québec
  H2L 3K4
  Tél.: (514) 523-1182
  Télécopieur: (514) 939-0406
  * Filiale de Sogides ltée

• Pour la France et les autres pays:
  VIVENDI UNIVERSAL PUBLISHING SERVICES
  Immeuble Paryseine, 3, Allée de la Seine
  94854 Ivry Cedex
  Tél.: 01 49 59 11 89/91
  Télécopieur: 01 49 59 11 96
  Commandes: Tél.: 02 38 32 71 00
                   Télécopieur: 02 38 32 71 28

• Pour la Suisse:
  VIVENDI UNIVERSAL PUBLISHING SERVICES SUISSE
  Case postale 69 - 1701 Fribourg - Suisse
  Tél.: (41-26) 460-80-60
  Télécopieur: (41-26) 460-80-68
  Internet: www.havas.ch
  Email: office@havas.ch
  DISTRIBUTION: OLF SA
  Z.I. 3, Corminbœuf
  Case postale 1061
  CH-1701 FRIBOURG
  Commandes: Tél.: (41-26) 467-53-33
                   Télécopieur: (41-26) 467-54-66

• Pour la Belgique et le Luxembourg:
  VIVENDI UNIVERSAL PUBLISHING SERVICES BENELUX
  Boulevard de l'Europe 117
  B-1301 Wavre
  Tél.: (010) 42-03-20
  Télécopieur: (010) 41-20-24
  http://www.vups.be
  Email: info@vups.be

Pour en savoir davantage sur nos publications,
visitez notre site: **www.edhomme.com**
Autres sites à visiter: www.edjour.com • www.edtypo.com
www.edvlb.com • www.edhexagone.com • www.edutilis.com

Dépôt légal: 4e trimestre 2001
Bibliothèque nationale du Québec

ISBN 2-7619-1624-7

L'Éditeur bénéficie du soutien de la Société de
développement des entreprises culturelles du
Québec pour son programme d'édition.

Nous reconnaissons l'aide financière du gou-
vernement du Canada par l'entremise du
Programme d'aide au développement de l'in-
dustrie de l'édition (PADIÉ) pour nos activités
d'édition.

Jean-François Vézina

Préface de Michel Cazenave

Les hasards nécessaires

La **synchronicité** dans les **rencontres**
qui nous **transforment**

À Constance Chlore

Entre le hasard et le mystère se glisse l'imagination.

LUIS BUÑUEL

Il est fascinant d'observer comment les gens franchissent les portes de notre existence. Ils surgissent bien souvent à la suite de coïncidences invraisemblables tels des personnages de films ou de romans. Puis ils défilent le long des pages de notre histoire et nous incitent, parfois douloureusement, à terminer des chapitres et à faire progresser notre récit personnel.

Il est tout aussi fascinant d'observer comment les livres trouvent leur chemin jusqu'à nous. Le projet de ce livre s'est imposé à moi, au fil de nombreuses coïncidences, il y a maintenant plusieurs années, alors que je voyageais seul dans le Sahara, après un séjour en République Tchèque. C'est dans mon expérience professionnelle et dans mes rapports interpersonnels que j'ai puisé les exemples et les réflexions principales qu'il contient. Ces réflexions se sont poursuivies alors que je faisais briller les planchers des corridors obscurs d'un hôpital, la nuit, pour assurer les fins de mois difficiles du jeune psychologue que j'étais. Puis l'impulsion déterminante eut lieu à la suite d'une synchronicité saisissante qui marqua symboliquement la fin d'une relation passionnée.

Mes hypothèses ont trouvé un banc d'essai lors d'une tournée de conférences données en France et en Italie sur la synchronicité relationnelle. Au terme de ce périple, me voilà en Égypte, dans le désert de Libye, où je rédige ces lignes quelques jours après la traversée du millénaire près des pyramides.

Voici donc un livre métissé qui naquit de plusieurs lieux, de plusieurs personnes et de plusieurs auteurs à la fois. Un métissage littéraire qui a pris la forme d'un essai d'exploration sur la synchronicité dans lequel j'intègre, au début de chaque chapitre, mes expériences de voyage. Le voyage – le voyage des idées et le voyage vers les lieux qui m'ont attiré, mais surtout le voyage vers l'autre – constitue la *prima materia* de ce texte.

C'est un livre sur les rencontres que nous faisons et celles que nous ne ferons jamais, un livre sur nos voyages et les coïncidences mystérieuses qui nous orientent vers le prochain village.

OASIS DE SIWA, ÉGYPTE
8 janvier 2000

La synchronicité ou
la boîte de Pandore selon Jung

*L*a synchronicité est sans conteste, dans toute l'œuvre de Jung, l'une des notions les plus risquées – mais aussi les plus nécessaires quant à la réalité des phénomènes psychiques.

Qu'est-ce, en effet, que la synchronicité? Pour aller rapidement, l'étymologie nous renseigne, sun-chronos : le temps qui «va ensemble», le temps qui coïncide à lui-même. Autrement dit, il s'agit de deux événements qu'aucun lien ne relie selon la causalité classique, et qui pourtant, en survenant simultanément, créent du sens pour la personne qui en est le sujet.

D'où l'impression de magie qu'on en a souvent. Sans que, précisément, la magie soit ici mise en scène – ce qui serait le cas d'une façon déguisée si on admettait par exemple que ces événements ont lieu parce que le psychisme de l'observateur, disons son inconscient, en était en dernière instance la cause.

Alors nous entrerions dans toutes les influences de « l'esprit » sur la matière, dans ces songes éveillés que l'humanité a fait durant des millénaires pour tenter de s'expliquer ce qu'elle ne parvenait pas à comprendre.

Or, il faut être ici très ferme : strictement rien, dans l'état de nos connaissances – fût-ce dans la science la plus moderne – ne permet d'affirmer l'action du psychisme humain sur les éléments naturels. Et il est d'ailleurs frappant, quand on analyse d'un peu près n'importe quel phénomène de synchronicité, de devoir constater que chacun de ses éléments relève toujours d'une série causale déterminée qui n'a aucun point commun avec celles de tous les autres.

Pour être parfaitement clair, la synchronicité nous oblige à entrer dans un mode de pensée qui est celui de l'acausalité – mot pompeux et respectable dont on se sert de fait pour désigner le hasard.

Mais un hasard singulier, puisqu'il va venir faire sens dans la psyché de celui qui est soumis de la sorte. Or, qui prononce ou écrit ce mot sens – dans son double sens (!) d'orientation et de signification –, pose aussi implicitement la notion de finalité. Ce qui revient à dire que l'événement synchronistique répond à un but de l'inconscient, sans que celui-ci, néanmoins, ait pu le provoquer.

Pour reprendre sur ce point les vieilles distinctions d'Aristote, il n'est question en aucun cas d'une quelconque cause finale qui réintroduirait subrepticement la causalité répudiée – et nous ramènerait à une action magique, certes, et plus philosophiquement raffinée, mais d'une certaine façon encore plus intellectuellement et scientifiquement scandaleuse.

Les différences de niveaux ou de modes d'analyses à propos de la synchronicité doivent être rigoureusement maintenues : le hasard intervient sur des phénomènes physiques (une bande d'oiseaux noirs s'est abattue par exemple sur cette maison connue), alors que la finalité se manifeste au creux de ma psyché qui en est spectatrice (un deuil doit avoir lieu, ou a eu lieu, qui fait sens dans ma vie à cet instant précis et qui m'invite à un travail sur la mort symbolique).

On voit bien là que, d'une instance à l'autre, il s'effectue un saut ou que, comme l'écrit Jung dans son écrit canonique Tertium datur, un troisième terme est donné qui établit la relation et qui extrait le sens – mais qui le fait après coup, et qui consiste précisément dans l'intériorité du sujet.

La notion d'événement est ici capitale, et désigne à l'évidence une survenue singulière, la production d'un «phénomène» qui ne saurait être reproduit. La science n'a plus de prise et nous sortons de son cadre.

Ce qui ne signifie pas, loin de là, que nous renoncions à la rationalité et entrions de ce pas dans le domaine béat du miracle. Si Jung a bâti cette notion de synchronicité, c'est bien pour échapper à cette tentation toujours aussi vivace dans l'homme, et pour offrir aux phénomènes qu'il constatait dans sa pratique (c'est-à-dire dans sa clinique de l'inconscient), le cadre de référence qui leur était adéquat.

En d'autres termes, le déplacement qu'il a opéré va de la science à la philosophie, de la pseudo-tentative d'explication à l'essai rigoureusement mené de penser un donné–là de l'expérience. D'où la généalogie qu'il fournit lui-même à sa notion, qui va de l'Unus Mundus du théologien Scot Erigène à l'harmonie préétablie et à la réalisation des compossibles de Leibniz, sans parler du Tao et de la structure toute particulière du temps qui est envisagée dans ce style de pensée.

Quoique, au temps et à la définition de sa nature, on ne puisse pas échapper dès qu'on parle de synchronicité ; nous l'avons vu, c'est la simultanéité des phénomènes, c'est l'unité temporelle de deux manifestations indépendantes, qui les institue en événement et ébranle l'inconscient.

Sans aller jusqu'à la Chine, il est important sur ce point d'évoquer une conception des vieux philosophes grecs, une notion dont par ailleurs Jung use abondamment pour décrire le fonctionnement de l'âme humaine : ce que les Présocratiques appelaient le kairos – le moment propice ou opportun – avant qu'Aristote, en définissant le temps comme « le nombre du mouvement », ne l'objectivise du même coup et ne le rende susceptible de devenir plus tard le temps des scientifiques – ce temps mesuré et encadré dont les scientifiques eux-mêmes ne savent précisément comment faire aujourd'hui pour le « re-lier » au temps vécu, et subjectif, de la personne humaine.

Le kairos désignait, dans la fluence de toutes choses, dans ce continuel devenir où se déroule notre vie, ce moment particulier où une action était bienvenue, où elle allait trouver son efficacité, où elle découvrirait son sens et atteindrait son but. Conception, toutefois, qui suppose une discontinuité du temps, une succession de moments qui s'oppose directement au temps continu du mouvement et à la façon de l'écrire par des équations différentielles.

Non qu'il faille, par ailleurs, choisir entre les deux modèles et en exclure l'un au profit de l'autre. Mais ce n'est pas la même chose que de calculer la durée de la course d'un mobile et de vouloir entrer dans l'intimité de la conscience (ou pire, de l'inconscient) pour laquelle le temps est toujours, de quelque manière, une donnée immédiate dont il faut respecter la spécificité intrinsèque.

La synchronicité, on le constate, est un thème qui peut nous entraîner très loin, tant sa radicalité conceptuelle est profonde et nous appelle à une réflexion nouvelle (ou renouvelée) et élargie.

Nous ne continuerons pas sur cette voie, puisque c'est l'un des mérites de l'ouvrage de Jean-François Vézina que d'en reprendre la question à nouveaux frais et à la lumière de certaines des avancées les plus vives de la pensée moderne comme les théories du chaos ou les notions d'attracteurs. Qu'on ne se trompe pas toutefois sur la signification réelle de ce travail ! Il ne s'agit pas de réintroduire la magie en faisant appel à un appareillage mathématique contemporain, mais plutôt de se servir des outils qu'il offre pour modéliser post hoc, et donc pour introduire une intelligibilité dans des phénomènes erratiques que l'auteur prend bien soin de conserver comme tels.

D'où, sans doute, le magnifique oxymore de son titre : les hasards nécessaires…

MICHEL CAZENAVE
Paris, juillet 2001

INTRODUCTION

*On ne touche pas une fleur
sans déranger une étoile.*

JAMES THOMSON

*Ce qu'il faut de saleté
pour faire une fleur!*

FÉLIX LECLERC

L e monde du rêve et celui de la réalité partagent certainement plus d'affinités que ce qu'ils nous révèlent en apparence. Au tout début du siècle dernier,
Freud, à partir de son livre *Interprétation des rêves*, nous a
sensibilisés aux messages symboliques issus de l'inconscient qui défilent pendant le sommeil. Mais est-ce que
l'inconscient intervient uniquement la nuit, dans les
rêves? Peut-on supposer que la vie symbolique se déploie aussi dans la réalité sous la forme de coïncidences
significatives?

Cette possibilité de déploiements symboliques dans la
réalité est au cœur de ce que le psychiatre suisse Carl Gustav
Jung proposa par le concept de synchronicité. Ce concept,
élaboré conjointement avec le lauréat du prix Nobel de
physique 1945, Wolfgang Pauli, suggère justement que la
psyché et la matière sont reliées sur un même arbre et que

les symboles peuvent fleurir tout autant sur les branches de nos rêves que sur celles de la réalité.

En poussant plus loin l'exploration de ces liens entre l'esprit et la matière, peut-on supposer que ces symboles prennent parfois le visage du rapport à l'autre? L'astrophysicien Hubert Reeves, dans le livre *La synchronicité, l'âme et la science*, lançait justement la question : «La rencontre d'une personne qui change votre vie a-t-elle un sens quelque part[1]?» La rencontre de certaines personnes peut-elle avoir une portée symbolique dans nos vies? Pouvons-nous appliquer le concept de synchronicité aux petits détails qui nous conduisent à une personne? Que serait votre vie si vous n'aviez pas rencontré tel professeur, tel auteur, tel homme ou telle femme? Que serait la psychologie si Jung n'avait pas rencontré Freud? Que serait la philosophie si Sartre n'avait pas rencontré Simone de Beauvoir? L'histoire est remplie de ces rencontres hautement significatives qui changent la vie personnelle et parfois la vie collective également.

Tout comme il y a des livres que nous apportons en voyage et d'autres qui nous font voyager, il y a aussi, à certaines périodes de notre vie, des gens qui nous accompagnent et d'autres qui nous font voyager. Ces êtres qui nous incitent à voyager au plus profond de nous-même ouvrent des portes. Mais en général, les plus grandes portes de notre existence sont ouvertes par des gens qui ne les traverseront pas avec nous. Nous connaissons probablement tous une personne qui est apparue subitement dans notre vie et qui a laissé une trace indélébile. Une personne avec qui la relation ne dura que peu de temps, mais dont on pourrait dire que les petits battements d'ailes ont provoqué des tempêtes[2] qui marqueront le cours de notre existence. Après leur passage, on ne pourra plus jamais être la même personne.

---

1. Michel Cazenave, H. Reeves *et al. La synchronicité, l'âme et la science*, Paris, Albin Michel, 1995, p. 19.
2. Je fais ici référence à la métaphore de l'effet papillon selon laquelle les battements des ailes des papillons peuvent avoir, à la longue, des conséquences disproportionnées sur le climat. C'est aussi l'idée que de grands changements peuvent survenir à la suite d'un petit détail lorsque cet événement survient à des moments «pivots» de notre existence.

Dans ce livre, j'explorerai les rencontres synchronistiques, c'est-à-dire ces rencontres qui permettent que des personnes, des auteurs et des œuvres émergent dans notre vie à des moments déterminants, acquérant ainsi une valeur symbolique de transformation. J'examinerai également les micro-processus symboliques qui se déploient sous la forme de motifs thématiques ou de pentes qui nous attirent et nous conduisent imperceptiblement vers telle personne, tel travail, tel auteur ou encore tel pays. Ces motifs se dévoilent subtilement, ils nécessitent la lueur vacillante de notre intuition pour les reconnaître et admirer ainsi toute la beauté et l'unicité de la vie.

Le déploiement des motifs symboliques sous la forme d'événements de tous les jours est l'un des apports majeurs de Jung. Cet apport a malheureusement été rejeté par les scientifiques ou maladroitement simplifié par les adeptes du Nouvel Âge étant donné son caractère spectaculaire et inhabituel. Selon le psychiatre suisse, il nous est difficile de percevoir ces symboles à cause de la présence trop brillante de notre rationalité, comme il nous est difficile de percevoir les étoiles durant le jour à cause de la trop grande luminosité du soleil. Nous avons alors plus de chances d'apercevoir ces étoiles lorsque nous vivons des périodes de transition ou lorsque nous entrons dans une phase chaotique et que la noirceur laisse poindre ces étoiles symboliques sous la forme de mystérieuses synchronicités.

Les synchronicités se produisent plus fréquemment en période de tension psychique alors que la forme symbolique habituelle du rêve n'a pas réussi à se faire entendre. Comme le soutient Michel Cazenave[3], pour faire appel à un symbole extérieur et communiquer un contenu par ce médium, la psyché doit être fortement «perturbée». Par surcroît, le message doit être très important pour notre développement. La synchronicité vue sous cet angle n'est pas nécessairement un «cadeau magique», comme elle est parfois décrite dans le langage populaire. Encore que la souffrance peut être perçue comme une grâce. Je suis toujours amusé lorsque je lis la

---

3. Michel Cazenave, Conférence sur la synchronicité donnée au Musée du Québec, novembre 1995.

phrase suivante dans un livre ou un article : «Provoquez la synchronicité dans vos vies!» En réalité, la synchronicité échappe au contrôle du moi. On ne peut que se rendre disponible aux messages de l'inconscient qui empruntent cette voie. Dans une phase déterminante de notre existence, quelque chose cherche à se dire par le biais de la synchronicité et nous prenons la relève pour l'entendre et le décoder.

Je tenterai, au moyen d'exemples divers, d'illustrer comment nous pouvons approfondir le sens d'un événement synchronistique de la même façon que nous pouvons le faire avec un rêve. Je peux essayer de décrire la manière de préparer le terrain, notamment en développant l'intuition, mais je serais bien en peine de dire comment faire pour que ces fleurs symboliques poussent plus vite, n'étant pas un spécialiste des engrais psychologiques.

Parce que la synchronicité est une notion abstraite et qu'elle renvoie à plusieurs dimensions de l'existence, j'en ferai ici l'exploration dans une sphère plus spécifique, *la sphère relationnelle*. En ce début de siècle, le rapport à l'autre étant particulièrement «chaotique», il sera peut-être plus marqué par des perturbations capables de faire émerger des symboles sous la forme de synchronicités. Les problématiques relationnelles constituent d'ailleurs le motif premier de consultation en psychothérapie et le principal moteur de changements.

La synchronicité étant une notion complexe, j'aurai recours à des métaphores tirées des *sciences de la complexité* et de la *théorie du chaos* pour générer des hypothèses de compréhension. La définition de la synchronicité qui est donnée dans le chapitre premier tient compte d'une façon très étroite de la notion de chaos créateur tel que nous le retrouvons avec les récentes découvertes sur la théorie du chaos. Pour les puristes en la matière, le terme *chaos* a une signification uniquement mathématique. Mais ce mot trouve son origine étymologique dans le verbe *bâiller*. À la source, il est un bâillement, une ouverture[4]. Le chaos, tel que je le

---

4. Jacques Désautels, *Dieux et mythes de la Grèce ancienne*, Sainte-Foy, Presses de l'Université Laval, 1988.

conçois, et qui supporte la synchronicité relationnelle est, d'une certaine façon, cette ouverture, cet étirement spontané vers l'autre qui permet d'oxygéner l'âme lorsque l'ennui tend à s'installer dans notre vie.

Le roman de notre vie

Les rencontres déterminantes qui jalonnent notre roman personnel ne se font pas qu'avec des gens de chair. Elles se font aussi avec des idées, des symboles qui sont contenus dans la culture. Nous avons tous découvert un livre, une musique ou un film qui a bouleversé notre existence. Ces rencontres surviennent à des moments charnières et leur arrivée peut entrer en résonance avec des problématiques personnelles. Les motifs synchronistiques contenus dans la culture seront examinés selon le sens et les circonstances qui entourent l'arrivée d'œuvres qui nous bouleversent et qui font écho, parfois mystérieusement, à notre propre vie.

Le lieu

La rencontre se fait inévitablement dans un lieu ; la rencontre des gens qui traversent notre vie certes, mais surtout la rencontre avec soi–même. C'est pourquoi une attention particulière sera portée aux lieux qui marquent notre existence. Les lieux symbolisent bien souvent la rencontre qui se prépare. Ils prennent la forme de ces décors désignés par l'inconscient pour traduire les transformations à venir. Dans le lieu où nous rencontrons l'autre, tout comme dans le lieu où nous habitons, est inscrit bien souvent ce que nous sommes et ce que nous pouvons devenir.

Par ailleurs, le sens est la composante centrale de la synchronicité. Il est une impulsion, une direction à donner à notre propre voyage. Les métaphores de voyages contenues dans ce livre illustrent l'idée centrale de chaque chapitre et rappellent que la synchronicité et le sens sont intimement associés au mouvement, aux repères qui jalonnent notre existence. Le voyage marque les changements importants de notre vie comme il marque les changements de chapitres dans ce livre.

Synchronicité transgénérationnelle

Les motifs et les thèmes principaux de notre roman personnel trouvent bien souvent leurs sources dans le roman familial. Le chapitre sur les thèmes de vie transgénérationnels et l'analyse des motifs qui traversent le cours du temps complétera cet ouvrage. Nous nous interrogerons alors sur les mystérieuses coïncidences de cet « autre en soi » qui se manifestent au fil des générations par une étrange loyauté inconsciente.

Le Visiteur

Quelle place laissons-nous à la synchronicité lorsqu'elle survient spontanément dans notre vie ? Bien que ce livre explore un nouveau champ d'étude – la synchronicité relationnelle –, il n'en demeure pas moins une mince tentative de compréhension devant un tel mystère.

Nous sommes parfois confrontés à des rencontres qui nous dépassent, nous perturbent et nous poussent à revoir notre conception du monde, comme Freud dans l'excellente pièce de théâtre écrite par Éric-Emmanuel Schmitt, *Le Visiteur*. Cette pièce met en scène Freud qui, à la fin de sa vie, reçoit la visite d'un mystérieux inconnu. On ne sait trop s'il s'agit de l'un de ses patients qui se serait évadé de l'asile ou s'il s'agit de Dieu. Ce visiteur impromptu, qui échappe à toute catégorie, surgi apparemment de nulle part, interroge Freud sur le sens de son œuvre et le perturbe au moyen de révélations étonnantes sur sa propre vie. Il l'amène à examiner entre autres l'impact de son pessimisme sur la nature humaine. Il lui suggère alors que la logique n'est pas le seul outil pour aborder la réalité qui peut parfois être mystérieusement belle et irrationnelle.

Freud, au moment de cette visite, est lui-même très malade. La Gestapo a envahi Vienne et a enlevé sa fille Anna ; il est donc en état de très grande vulnérabilité. Incapable d'expliquer rationnellement cette visite, il accuse alors le visiteur et toute forme d'irrationalité de se présenter toujours ainsi, c'est-à-dire dans ces moments de grande faiblesse et de déséquilibre. Après que le visiteur lui eut fait un petit tour de magie en transformant sa canne en bouquet de fleurs, Freud, presque émerveillé, puis exaspéré, lui déclare[5] : «Partez immédiatement! Non seulement vous êtes un mythomane, mais vous êtes sujet à une névrose sadique. Vous n'êtes qu'un sadique! Un sadique qui profite d'une nuit de trouble! Un sadique qui jouit de ma faiblesse!» C'est alors que le visiteur fait remarquer à Freud:

«S'il n'y avait pas ta faiblesse, par où pourrais-je entrer?»

---

5. Éric-Emmanuel Schmitt, *Le Visiteur*, Paris, Actes Sud, 1994, p. 48.

CHAPITRE PREMIER

Unus Mundus

Créer, c'est donner une forme à son destin.

ALBERT CAMUS

Les vies humaines sont composées
comme une partition musicale.
L'homme, guidé par le sens de la beauté,
transforme l'événement fortuit (une musique
de Beethoven, une mort dans une gare) en un motif qui
va ensuite s'inscrire dans la partition de sa vie.
Il y reviendra, le répétera, le modifiera, le développera
comme fait le compositeur avec le thème de sa sonate.

MILAN KUNDERA

La synchronicité m'intrigue depuis de nombreuses années. C'est au cours d'un voyage à Prague, alors que je venais de conclure ma formation en psychologie avec un essai sur les liens entre la théorie du chaos et la théorie de Jung, que j'ai commencé à élaborer des hypothèses sur ce concept. Dans le train qui me conduisait vers cette perle de l'Europe Centrale, je notais quelques idées dans mon carnet quand un Américain dans la soixantaine assis en face de moi m'aborda. Il avait quitté son Detroit natal et se dirigeait vers Prague pour aller vivre avec la femme qu'il aimait. Il se trouvait là, devant moi, avec tous ses avoirs et ses espoirs. J'éprouvai une profonde sympathie pour cet homme ; je venais de rencontrer, tout comme lui, une femme qui habitait dans une ville éloignée de la mienne, et j'allais devoir, moi aussi, faire un choix.

À la sortie du train, je suis allé m'asseoir dans un café, tout près de l'horloge astrologique située en plein cœur de la ville. Un inconnu a engagé la conversation et, à un moment donné, a mentionné une exposition de fractales qui avait lieu à l'Institut français de Prague. Curieuse coïncidence. Je m'intéressais justement à ce sujet...

La fractale[6], cette géométrie invariante d'échelle – où l'on peut retrouver un petit motif à la fois dans ses détails et dans sa totalité – est au cœur de ma vision synchronistique du monde. Ainsi, les motifs qui se forment tout au long de notre histoire et qui se répètent à différentes échelles dans notre vie constituent nos *thèmes de vie*. Ces derniers sont activés de façon particulière lors d'une rencontre qui nous bouleverse. La «partition de notre vie», comme le décrit l'écrivain tchèque Milan Kundera, ne reposerait que sur quelques motifs joués et rejoués indéfiniment et se complexifiant avec le passage du temps, comme une fractale.

Tu n'échapperas pas au thème de ta vie

Lors de ce séjour, je me baladais d'une rive à l'autre, m'attardant longuement sur le pont Charles, contemplant la charmante rivière Vltava. À cette époque, j'étais moi-même

---

6. La fractale est une forme géométrique issue des développements de la théorie du chaos. Elle se réalise par le biais d'une formule mathématique simple qui est répétée une multitude de fois dans un ordinateur. Le résultat est alors reporté sur l'écran et forme une figure. Il s'agit d'une géométrie qui se rapproche des formes naturelles, comme par exemple une fougère, un chou-fleur ou un nuage. Elle se caractérise par son invariance d'échelle, c'est-à-dire que l'on peut toujours retrouver la forme globale dans le détail.

dans un entre–deux, dans une période charnière de ma vie, entre la rive de l'étudiant et celle du travailleur, à la fin d'une relation amoureuse et au début d'une autre.

En période de transition, l'inconscient est souvent mieux disposé à provoquer des rencontres qui auront une portée symbolique dans nos vies. C'est ainsi que certains thèmes s'imposeront à nous et seront activés par le biais de ces rencontres que l'on peut qualifier de synchronistiques. C'est ce thème déployé que nous sommes appelés à intégrer, et non la personne, le livre ou le lieu qui vient de nous éblouir. Ces derniers ne sont que le support symbolique, le visage qu'empruntera cette invitation à la transformation intérieure.

Parmi les changements qui allaient s'opérer dans ma vie au contact de la femme que je venais de rencontrer (que j'appellerai Bérénice), il y eut la rencontre avec l'univers de Milan Kundera. C'est grâce à Bérénice que j'ai découvert ce romancier qui bouleversa ma vision du monde tout autant que cette femme avait commencé à le faire. Curieusement, j'avais décidé de visiter Prague bien avant de connaître l'œuvre de Kundera et j'ignorais qu'il était Tchèque. Bérénice, Kundera et Prague formaient alors un thème qui s'imposait dans ma nouvelle conception du monde avec, au centre, la synchronicité et les manifestations symboliques dans les rapports interpersonnels.

Vertiges virtuels

J'avais rencontré Bérénice de la façon la plus aléatoire qui soit, en surfant sur Internet. Ce jour–là, je discutais de mes recherches sur la théorie du chaos par le biais d'un canal de discussion. Bérénice se trouvait également sur ce site, par hasard, et fut intriguée par mes propos. Persuadée que je me moquais des gens avec mes recherches, elle m'a envoyé un message. C'est ainsi que nous avons commencé à correspondre.

La relation virtuelle a duré neuf mois. Neuf mois d'échanges de mots, de lettres lumineuses projetées sur un écran et emmagasinées dans les sillons obscurs d'un disque dur. J'avais alors accès aux premiers mots, à la date et à l'heure précises de notre premier contact. Si nous pouvions repérer les premiers mots échangés lors d'une rencontre significative, nous remémorer les éléments clés, les décortiquer en nous replongeant dans l'atmosphère du contexte initial, nous serions sans doute surpris de retrouver dans ces petits motifs les thèmes dominants du concerto relationnel qui se prépare.

Avec un peu de recul, en examinant cette première discussion avec Bérénice, j'ai pu identifier clairement les thèmes qui s'inscrivaient à ce moment-là. Cette relation, amorcée dans un contexte de projections virtuelles, portait principalement la méfiance en son sein. Cette méfiance mutuelle constitua l'empreinte première de notre relation. L'impression que je «me jouais d'elle» apparaissait déjà dans les premiers mots qu'elle utilisa pour m'interpeller et cette impression s'est par la suite déployée à plusieurs niveaux dans la relation. Quant à moi, j'étais initialement fasciné par cette femme «virtuelle», mais ma méfiance se traduisait par des craintes de la rencontrer «réellement». J'avais notamment entendu parler (par des gens qui fréquentaient le groupe de discussion sur Internet) de sa tendance à «butiner» de cœur en cœur, ce qui allait aussi devenir un autre thème de notre relation. «Abeille» et «méfiance» étaient au programme de ce lien qui se tissait à partir des toiles d'Internet.

Ayant vaincu la méfiance initiale, soit après neuf mois de gestation virtuelle, notre rencontre allait se frayer un passage dans le réel. Elle se développa ensuite de façon très passionnée pendant neuf autres mois, mais se termina de façon abrupte, comme la plupart des relations passionnées. Plus aucun contact ne fut possible après la rupture.

Rencontre synchronistique et messages symboliques

Nous croisons tous des gens qui surgissent dans nos vies et disparaissent tout aussi spontanément en laissant une marque indélébile. Ils font partie de ce que j'appelle des *rencontres synchronistiques* et correspondent à des passages importants, comme nous le verrons de façon détaillée dans le prochain chapitre.

La dimension synchronistique de nos relations interpersonnelles exprime le fait que certaines rencontres peuvent avoir une valeur symbolique dans la réalité tout comme les personnages peuvent l'être dans un récit ou dans un rêve. Elle souligne aussi que notre rapport à l'autre est pavé de messages symboliques.

Toutefois, malgré ces repères symboliques, l'œuvre de notre vie est une ébauche qui ne sera jamais achevée. Nous sommes constamment confrontés à des choix et il nous sera toujours impossible de vérifier si nous avons fait «le bon choix». Nous ne pouvons en effet pas savoir où nous auraient conduit les sentiers que nous n'avons pas choisis. Un certain vertige peut nous envahir quand nous songeons à tous les choix que nous avons à faire (consciemment ou inconsciemment) sur une base quotidienne. L'Américain de Detroit que j'avais rencontré dans le train et qui avait tout quitté pour une femme avait-il pris la bonne décision? Et dans *L'insoutenable légèreté de l'être*, de Kundera, Tomas, qui revient à Prague, près de Tereza, et qui devient laveur de vitres, fait-il le bon choix? Et moi-même, qui ai décidé de demeurer à Québec plutôt que de suivre Bérénice, ai-je fait le bon choix?

L'abeille, exemple d'un symbole synchronistique

Bien que nous n'ayons jamais la certitude d'avoir fait le «bon choix», l'inconscient mobilise parfois le symbole pour nous «proposer» un sens dans ces périodes d'incertitude et de questionnement. Cela se traduira parfois par une expérience synchronistique, particulièrement lors de transitions ou de périodes charnières de l'existence. Par exemple, un des motifs symboliques de mon concerto relationnel avec Bérénice a pris la forme d'une abeille. Curieusement, au cours de nos rencontres, les abeilles s'imposaient déjà comme de petits motifs symboliques à peine «audibles». Souvent, lors de nos promenades, des abeilles bourdonnaient autour de nous.

Comme Bérénice avait renoncé à venir vivre avec moi, je devais faire un choix: poursuivre ma carrière de psychologue à Québec (carrière qui débutait et qui promettait grâce au réseau que j'avais créé) ou tout quitter comme l'avait fait l'Américain rencontré à Prague, et aller vivre avec Bérénice.

Ce fut probablement la décision la plus difficile que j'eus à prendre de toute ma vie. Alors que je pressentais l'envol imminent de son cœur vers un autre homme, j'ai finalement décidé de demeurer à Québec, ce qui a entraîné notre rupture. Le lendemain de ma décision, une abeille entra par la fenêtre de ma chambre, survola mon lit et me réveilla. Je prêtai peu d'attention à ce petit détail amusant. Mais voilà que quelques semaines plus tard, près de mon lit, j'aperçois une abeille morte. À ma grande surprise, un cheveu rouge est enroulé autour du corps de l'insecte. Je sais que le cheveu appartient à Bérénice qui s'était teint les cheveux en rouge peu avant notre séparation. En apercevant le pauvre petit insecte emmêlé dans le cheveu rouge, je me trouvais dans un état de fascination intense, un état typique de l'expérience synchronistique. On pourrait comparer cet état à la finale d'un concert bouleversant : un profond sentiment d'unité nous réconcilie alors momentanément avec nous-même et avec la vie. Nous ne pouvons que faire preuve d'humilité devant un tel spectacle. Quelques jours après avoir découvert cette abeille et ce cheveu rouge, tous les objets qui m'appartenaient et que Bérénice avait encore en sa possession se sont tout à coup retrouvés au pied de ma porte ; elle les avait déposés là alors qu'elle était de passage à Québec. L'inconscient avait choisi cette image (l'abeille morte dans un cheveu rouge) pour symboliser les thèmes de notre relation et m'aider à accepter cette rupture.

La méfiance que nous entretenions l'un et l'autre au début de notre relation avait été momentanément dissipée grâce à une plus grande intimité entre nous. J'associe ce rapprochement aux cheveux. Le cheveu est un symbole d'intimité dans la plupart des cultures. Brosser les cheveux de quelqu'un, par exemple, est un gage de confiance et de rapprochement. Mais malgré nos tentatives pour nous rapprocher et augmenter l'intimité entre nous, nous ne nous étions pas entièrement défaits de notre méfiance. Un cheveu rouge enroulé autour d'une abeille morte soulignait alors notre incapacité à entrer en relation.

Par ailleurs, l'abeille pouvait simplement évoquer l'attitude volage de Bérénice, attitude qui contribua à entretenir ma méfiance et ma distance. Mais elle est surtout un symbole de résurrection et elle est associée aux transformations initiatiques : « À Éleusis et à Éphèse, les prêtresses portent le nom d'abeilles. On les trouve figurées sur les tombeaux, en tant que signes de survie post-mortuaire[7]. » L'abeille, cet insecte qui transforme justement le pollen en miel, illustrait à mes yeux le caractère « initiatique » et symbolique de cette relation qui transforma ma vision du monde.

Certains lecteurs critiques pourront dire que le sens que je donne à cette synchronicité provient d'un désir de calmer mon angoisse par rapport à un choix qui a entraîné une rupture. La signification donnée à une synchronicité est certes en partie subjective et correspond à une période de remises en question ou de « faiblesse », pour rappeler la métaphore de la pièce *Le Visiteur* résumée dans l'introduction. Mais elle ne l'est pas plus que le sens que l'on peut donner à un résultat statistique ou à toute information objective.

Le sens qui s'impose dans la synchronicité n'est pas que subjectif, car il a un effet observable, c'est-à-dire qu'il déploie une forte charge émotive et témoigne de transformations dans des périodes de transition et de questionnement. Le sens d'une synchronicité prend racine à un niveau profond de l'inconscient collectif, au niveau de ce que Jung nomme la *psyché objective*[8], et se présenterait à la conscience comme un phénomène aussi naturel que la pousse d'une fleur dans un champ. La psyché produit ainsi des symboles tout aussi naturellement que la nature produit ses fleurs. Devant ce phénomène naturel, plusieurs attitudes s'offrent à nous : on peut cueillir la fleur, la respirer, en faire un poème, ou encore analyser ses propriétés chimiques, la décomposer et tenter de la cloner. Avec la synchronicité, tout est une question de regard et de rapport au monde ; elle présente un rapport au monde unifié et symbolique un peu comme le fait un conte ou un rêve.

---

7. Jean-Chevalier, *Dictionnaire des symboles*, p. 1.
8. La psyché objective est la forme la plus profonde de l'inconscient collectif où les contenus sont tous liés les uns aux autres en formant ainsi une unité indifférenciée.

De la synchronicité aux trous noirs

Jung a développé le concept de synchronicité avec son ami Wolfgang Pauli, lauréat du prix Nobel de physique 1945. Pauli était particulièrement porté à expérimenter des synchronicités de toutes sortes. Jung déclara un jour qu'il avait rarement été témoin d'un inconscient aussi perturbé que celui de Pauli. D'ailleurs, plusieurs rêves de Pauli ont été retranscrits dans le livre *Psychologie et alchimie* de Jung. Celui-ci a voulu décrire la portée archétypique des rêves de Pauli en les mettant en parallèle avec l'alchimie, un processus de transformation très important au Moyen Âge. Récemment, la parution des correspondances entre les deux hommes (qui s'est échelonnée sur plus d'un quart de siècle) a permis de faire la lumière sur l'un des plus brillants échanges de ce siècle. Nous assistons, dans cette passionnante correspondance, à l'élaboration du concept le plus complexe de Jung.

Ce concept s'est construit sur plusieurs années et a été développé avec une rigueur impressionnante, mais il est resté inachevé. Jung a eu assez tôt l'idée de la synchronicité, notamment après un repas avec Albert Einstein, autour de 1920. Comme le suggère cette citation de Jung, puisée dans l'avant-propos de la correspondance avec Pauli, Einstein l'aurait inspiré de la façon suivante. «…J'ai reçu plusieurs fois le professeur Einstein à cette époque, je veux dire par là que je l'avais invité à dîner… C'est Einstein qui, le premier, fit naître en moi l'idée d'une possible relativité du temps et de l'espace qui serait déterminée par le psychisme. C'est à partir de cette même première impulsion que se sont développées, plus de trente ans plus tard, ma relation avec le physicien Pr W. Pauli, ainsi que mes thèses concernant la synchronicité psychique…»

Jung élabora la synchronicité à partir de la notion d'inconscient collectif qu'on désigne grossièrement comme étant un *champ matriciel des possibles* hérité de la lente histoire des expériences de la race humaine. Un champ qui exercerait son influence de la même manière que la gravité, mais dont la portée d'influence se situerait en dehors du temps et de l'espace. Ce champ attirerait, par le biais de ses «attracteurs» que sont les archétypes, nos perceptions et nos émotions, et nous inciterait à nous mobiliser dans une certaine direction.

Par exemple, lorsque nous apercevons une femme, nous associons inconsciemment *femme* et *Femme*, c'est-à-dire l'archétype de l'Anima. Depuis le début de l'humanité, nous avons été en contact avec la féminité et ce rapport a construit dans l'inconscient collectif des motifs symboliques que l'on observe indirectement par des représentations culturelles diverses allant de la Vierge à la sorcière. Ainsi, l'humanité possède, à travers ses archétypes, des thèmes symboliques qui se répètent et se façonnent au cours de l'histoire. Chacun d'entre nous possède aussi des thèmes personnels qui se répètent et qui peuvent prendre la forme de *complexes*. Une constellation de complexes signifie que nous regroupons les événements, les idées et les émotions qui leur sont liés comme nous regroupons les étoiles lorsque nous regardons la voûte céleste. Les complexes sont des thèmes de vie plus spécifiques autour desquels gravitent nos préoccupations personnelles. Par exemple, une personne aux prises avec un complexe d'abandon sera probablement obsédée par l'idée de perdre ses proches. Cette zone sensible pourrait devenir un point d'attraction propice à la création de symboles. Ces symboles forment la synchronicité qui, elle, offre un sens général au parcours de notre existence.

Dans ce champ matriciel des possibles qu'est l'inconscient collectif, les archétypes sont un peu comme des nœuds, des trous noirs ou des attracteurs qui seraient liés à la répétition des expériences collectives. On ne perçoit pas directement ces nœuds, comme on ne perçoit pas directement les trous noirs. Il est donc impossible de percevoir nettement un archétype. Photographier un trou noir n'est pas possible non plus. Il est possible de trouver un trou noir dans l'espace en observant la lumière qui se modifie aux alentours. On remarque un complexe ou un archétype de la même manière, c'est-à-dire lorsque *la lumière affective est perturbée*.

Jung a fait appel à une notion que l'on représentait au Moyen Âge par le biais de l'alchimie, soit l'idée d'*Unus mundus*, le monde «Un», pour illustrer comment la sphère psychique coïncide avec la sphère physique. Ainsi, au plus profond de l'inconscient collectif, l'esprit et la matière, le temps et l'espace ne sont pas séparés. Le sujet qui expérimente une synchronicité entrerait en contact avec la dimension de l'*Unus mundus*.

Les récentes découvertes en mécanique quantique ont fait la lumière sur cette grande unicité dans la nature. Les propriétés de non-séparabilité et de non-localité de la matière ont été démontrées de façon éloquente en physique avec le paradoxe EPR[9]. Ce paradoxe se définit par le fait que les particules de la matière restent en contact et réagissent aux stimuli des unes et des autres, et cela, même en étant séparées par plusieurs kilomètres. Pour démontrer ce paradoxe, on a couplé deux particules ensemble, puis on les a séparées en les éloignant de plusieurs kilomètres l'une de l'autre. On s'est alors rendu compte qu'en stimulant une particule, l'autre réagissait instantanément comme si les deux particules n'avaient jamais été séparées. Au niveau microcosmique, on peut constater l'interaction plus grande qui existe entre les particules et la totalité. Tout semble lié à tout, comme si la matière et l'esprit ne formaient qu'un seul arbre. La synchronicité serait alors une brèche de l'individu dans les racines du tout, un moment clé où l'on expérimente le fait d'être un paradoxe vivant, à savoir être « tout » et « un » à la fois.

En ce sens, la forme musicale qu'est le concerto illustre à merveille le phénomène de la synchronicité. Le concerto est constitué d'un instrument soliste qui interagit avec un orchestre. Il s'en approche, fusionne avec l'orchestre et s'en éloigne, comme le mouvement d'un individu qui tente d'épouser les vagues et les pulsations rythmiques de la musique déployée par l'inconscient collectif.

L'ordre déployé

Le physicien David Bohm a établi une hypothèse intéressante au sujet de la synchronicité en développant les notions de l'ordre impliqué et de l'ordre déployé. Il existerait ainsi un ordre caché, impliqué, unifié qui se déploierait en suivant certains *patterns*. Ces *patterns* se manifesteraient par les formes

---

9. Découvert par Einstein, Podolsky et Rosen.

que nous percevons de la réalité. Pour Bohm, la synchronicité comprend des *patterns* qui transcendent le temps et l'espace en prenant racine dans l'ordre impliqué. Dans cet ordre sous-jacent, tout est unifié et contenu en germe, comme dans l'*Unus mundus*. Nous retrouvons cette idée dans les fractales ou encore dans l'hologramme, qui contient en totalité toute l'image. Un hologramme est ce qu'on retrouve notamment sur certaines cartes de crédit; il s'agit d'une image en trois dimensions qui donne une illusion de profondeur. Lorsqu'un hologramme est cassé, on peut retrouver la totalité de l'image dans chacune des parties fracassées.

Dans la perspective de Bohm, le mouvement qui va de l'ordre impliqué à la réalité s'appelle le *holomouvement*; il est un peu comme un miroir «hologrammique» fracassé où des particules d'un ensemble entier prendraient la forme de phénomènes individuels que l'on percevrait avec nos sens. Le moi du sujet percevrait la réalité de façon fragmentée, mais ces fragments qui constituent les phénomènes physiques ne seraient que des condensations d'énergie. Les particules qui nous composent actuellement sont les mêmes depuis le big bang. Lorsque nous mourrons, le carbone, par exemple, qui fait partie de notre constitution et qui est aussi très répandu dans la nature (plantes, pierres, etc.), continuera d'exister sous une autre forme. Nous inscrivons ainsi notre identité dans ce flot, cet holomouvement de la nature et de l'existence. Le moi serait une espèce de vague dans l'océan de la réalité. Cette hypothèse nous permet de mieux comprendre comment la formation des *patterns* psychiques coïncide avec la formation des *patterns* physiques que l'on observe lorsque la synchronicité tisse un lien plus étroit entre l'ordre impliqué et la réalité déployée.

Un savoir collectif

La notion de champs morphogéniques développée par Sheldrake peut également aider à comprendre la synchronicité. Cette théorie suppose qu'un savoir collectif est accessible à n'importe quel individu et qu'il peut se former dans un groupe donné. Ce principe a notamment été développé à l'aide d'une étude sur le comportement des singes. Des scientifiques ont regroupé une colonie de singes dans une île isolée du Pacifique et leur ont enseigné à laver leurs pommes de terre avant de les manger. Les singes de la colonie ont donc exécuté ce rituel. Après plusieurs années, les scientifiques se sont rendu compte que les singes des îles avoisinantes – et cela, sans qu'ils aient jamais eu de contact avec les singes de l'île d'origine – s'étaient aussi mis à laver leurs pommes de terre avant de les manger. C'est ainsi que Sheldrake a émis l'hypothèse d'un champ morphogénique qui faciliterait l'apprentissage et qui se formerait à l'intérieur de quelques années. Bien qu'intéressante *a priori*, cette théorie est toutefois controversée, car il est difficile de démontrer objectivement la source de ces champs. L'hypothèse « d'un savoir collectif existant au niveau inconscient » est au cœur de la synchronicité. Mais ce savoir se serait développé sur une période de plusieurs milliers d'années. Il est donc difficile d'établir qu'en quelques années seulement, un tel champ puisse en arriver à se constituer.

Je renvoie le lecteur à des ouvrages plus spécialisés afin qu'il explore ces hypothèses ainsi que celles qui sont issues de la mécanique quantique. Les livres des physiciens David Peat[10] et Victor Mansfield[11] explorent davantage ces pistes. Le présent ouvrage empruntera cependant davantage les notions de la théorie du chaos et celles des sciences de la complexité dans le but d'offrir quelques idées nouvelles pour la compréhension du fonctionnement de la synchronicité. Mais voici d'abord une définition de la synchronicité à la lumière d'un exemple célèbre de Jung.

Une définition

Sans vouloir associer les synchronicités aux insectes, je vais quand même décrire l'exemple typique (voire cano-

---

10. David Peat, *Synchronicity : The Bridge Between Matter and Mind*, New York, Bantam Books, 1987.
11. Victor Mansfield, *Synchronicity, Science and Soul Making*, Chicago, Open Court, 1995.

nique) d'une synchronicité à l'aide de l'exemple du scarabée. J'utilise cet exemple parce qu'il me permettra d'émettre clairement une définition de la synchronicité.

Jung avait une cliente extrêmement rationnelle qui était en thérapie depuis un bon moment. Celle-ci s'opposait à toutes les interprétations et offrait ainsi une résistance très importante au traitement. Lors d'une séance, la cliente rapporta un rêve qu'elle avait fait et dans lequel elle recevait en cadeau un scarabée doré. Au moment précis où la cliente rapporta son rêve, un insecte de type scarabéide, une cétoine dorée, se cogna contre la fenêtre, assez fortement pour attirer l'attention de Jung et de sa cliente. Jung se leva, prit l'insecte et le déposa devant la cliente. La cliente, sous le choc, commença alors à s'ouvrir davantage au processus de la thérapie.

À partir de cet exemple, la définition que je propose, en ce qui a trait au concept général de la synchronicité, est la suivante.

La synchronicité est une coïncidence entre une réalité intérieure (subjective) et une réalité extérieure (objective) dont les événements se lient par le sens, c'est-à-dire de façon acausale. Cette coïncidence provoque chez la personne qui la vit une forte charge émotionnelle et témoigne de transformations profondes. La synchronicité se produit en période d'impasse, de questionnement ou de chaos.

Quatre indices ou repères permettant de distinguer la synchronicité typique se dégagent de cette définition.
1. La coïncidence est de type acausal, c'est-à-dire que le lien entre les événements se fait par le sens.
2. Cette coïncidence provoque un fort impact émotionnel chez la personne qui la vit, suggérant une constellation d'images symboliques. Cet impact traduit le caractère numineux[12] de l'expérience, soit le sentiment, pour la personne, d'être interpellée par l'inconscient.
3. Cette coïncidence témoigne de transformations de la personne, d'où la valeur symbolique de la synchronicité.

---

12. Qui exerce une fascination sur le sujet.

4. Elle se produit généralement lorsque la personne se trouve dans un entre-deux ou dans une situation chaotique ou bloquée. Cet état renvoie à la dimension liminale (du latin *limen*, qui veut dire seuil) de l'expérience.

Cette définition rend compte du concept général de la synchronicité et renvoie à plusieurs sphères de l'existence. Dans ce livre, la synchronicité sera principalement examinée dans le secteur relationnel. D'ailleurs, la manifestation synchronistique s'apparente étrangement au coup de foudre amoureux et aux rencontres significatives qui bouleversent notre vie. Au moment où nous tombons amoureux, les frontières du moi se dissipent momentanément, *le dehors se mêle au dedans et vice versa*. L'amour naissant est, tout comme la synchronicité, plus susceptible de se produire à la suite d'un grand vide dans l'existence des individus ou lors de périodes de transition, comme le décrit si bien Alberoni dans *Le choc amoureux* : « Personne ne tombe amoureux s'il est, même partiellement, satisfait de ce qu'il a et de ce qu'il est. L'amour naît d'une surcharge dépressive qui se caractérise par l'impossibilité de trouver dans l'existence quotidienne quelque chose qui vaille la peine[13]. » En effet, l'amour naissant, au même titre que la synchronicité, a comme particularité de débloquer une situation apparemment sans issue et cela, dans un ordre acausal, c'est-à-dire tout à fait spontanément. Nous sommes alors ouverts à l'amour comme nous le sommes au changement et à la synchronicité.

Discernement

Pour distinguer une synchronicité d'une simple coïncidence, il est préférable de tenter d'identifier les critères de la synchronicité avant de conclure trop rapidement. Afin d'illustrer une coïncidence ne répondant pas aux critères de la synchronicité, Michel Cazenave, dans une conférence sur la synchronicité, donnait comme exemple un événe-

---

13. Francesco Alberoni, *Le choc amoureux*, Paris, Ramsay, 1984, p. 79.

ment vécu par son fils Tristan. Je reprends ici cet exemple. Précisons que son fils est né le 26 mai 1968.

Un jour, Cazenave trouve dans son courrier une convocation pour un concours dans une université, convocation adressée à un Tristan Cazenave né le 26 mai 1968. Il remet le document à son fils en lui disant qu'il ignorait que ce dernier était inscrit à l'université en question. Son fils examine le document et répond à son père qu'il ne s'agit pas de lui, qu'il n'a jamais fait cette demande. Cazenave retourne la convocation et téléphone à l'université. Il apprend alors qu'un autre Tristan Cazenave vit en France et qu'il est né la même année et le même jour. Amusé, il va vérifier l'heure de naissance des deux personnes ; une minute sépare les deux naissances !

Dans ce cas, on n'observe aucun impact affectif dans la vie de Tristan Cazenave (critère 2) ni aucun sens qui lie les réalités (événements) (critère 1). Aucune transformation n'est associée à la coïncidence et personne n'était dans une impasse (critères 3 et 4). Ce n'est donc pas, malgré l'improbabilité de l'événement, une synchronicité. Des coïncidences peuvent donc survenir sans être nécessairement synchronistiques. Ce type de coïncidences dites *mondaines* a notamment été élaboré par Kammerer et sera décrit plus loin.

L'acausalité, premier point de la définition de la synchronicité, indique que les événements sont liés entre eux par le sens et non par la cause. Il n'est donc pas approprié de chercher la cause des coïncidences. Il faut plutôt chercher quel dialogue nous pouvons entretenir avec nous-même et avec la vie à partir de l'événement synchronistique. L'acausalité ou la nécessité du sens est un ordre qui opère dans la nature avec la même importance que la causalité, mais qui ne nous est accessible que dans des moments particuliers, soit lors de périodes critiques.

La deuxième partie de la définition de la synchronicité concerne le facteur émotif. Ce dernier se traduit par une sensation intense semblable à celle que nous ressentons au réveil après avoir fait un grand rêve. L'impact émotif nous attire dans une direction précise et nous pousse généralement à écrire ou à nous en inspirer pour faire quelque chose de constructif. Par exemple, l'écriture de ce livre a été marquée de nombreuses synchronicités et celle de l'abeille m'a fortement interpellée pour écrire cet ouvrage.

Les archétypes constellés d'images symboliques conduisent les individus dans certaines directions. Dans le chapitre 5, nous verrons qu'une forte charge émotionnelle stimule l'activation d'un archétype et suggère alors un contact plus étroit avec le savoir inscrit dans l'inconscient collectif. Dans le cas du scarabée, la nature archétypique de cette synchronicité renvoie à l'histoire collective et plus particulièrement aux Égyptiens. Chez les Égyptiens, le scarabée était notamment associé à la transformation. Les scarabées se transforment et se reproduisent d'ailleurs d'une curieuse façon. D'abord, le scarabée adulte dépose ses œufs dans des excréments de mouton. Puis il les pousse de façon à former une boule qu'il fait rouler jusqu'à ce qu'il trouve une source d'eau. Une fois la source trouvée, il jette le tout dans l'eau. Quelque temps plus tard, un nouveau scarabée sort de ce petit paquet d'excréments imbibé d'eau. Les Égyptiens ont probablement observé ce phénomène et c'est sans doute la raison pour laquelle ils ont associé le scarabée à la transformation. Il existe également une autre image «d'excréments» pouvant subir une transformation, et cette image est associée à la tradition collective alchimique. Il s'agit d'excréments qui, de façon symbolique, peuvent se transformer en or. C'est en fait une métaphore qui rappelle aux êtres humains qu'ils ont le pouvoir d'améliorer leur existence en effectuant une transmutation, en modifiant de façon positive ce qui nous apparaît comme mauvais.

Le troisième aspect de la définition de la synchronicité concerne les changements qu'entraîne une expérience synchronistique. Il s'agit de découvrir comment un événement peut nous transformer. Dans l'exemple qui met en scène la cliente de Jung, le fameux scarabée a contribué à faire «débloquer» la thérapie. La synchronicité est donc un acte de création dans le temps, elle entraîne un changement, une transformation.

Le quatrième et dernier aspect de la synchronicité évoque l'état d'entre-deux, de tension ou d'impasse dans lequel nous nous trouvons au moment où survient la synchronicité. Dans l'exemple du scarabée, la patiente ne progressait plus et s'enfonçait dans une impasse. Si nous connaissons des périodes d'incertitude, si nous nous sentons dans une impasse, nous serons prédisposés à vivre une synchronicité. Cet état d'entre-deux renvoie à l'archétype de Mercure (Hermès, chez les Grecs) qui est l'archétype des passages, celui qui fait le lien entre le conscient et l'inconscient. Il est aussi l'archétype du mouvement et des voyages associé au *trickster,* le diable farceur qui intervient de façon chaotique pour nous permettre d'élargir notre vision du monde.

Mentionnons toutefois que cet aspect d'entre-deux ne provoquera pas la synchronicité. Il s'agit plutôt d'un état qui prédispose à ce type d'expériences. Ce n'est pas parce qu'un individu est en période d'incertitude, de désordre ou de chaos que la synchronicité va nécessairement survenir dans sa vie.

Il est important de le mentionner de nouveau, au moment d'une synchronicité, nous sommes sous l'influence d'un ordre acausal.

Cette notion d'entre-deux est très bien illustrée dans l'exemple qui suit.

La licorne

Michelle, une femme dans la quarantaine, se retrouva dans une situation où elle devait faire un choix. Voici le rêve qu'elle a fait.

Je vois un magicien qui a le pouvoir de réparer les cornes brisées des licornes. Je vois une licorne sans corne. Le magicien pose la corne sur sa tête et celle-ci se «ressoude» comme par magie. Je suis pleine d'admiration pour cet homme, mais j'apprends par la suite que je suis en fait en train de regarder un film et que ce magicien n'est pas réel, il n'est qu'un acteur. J'éprouve une vive déception en constatant qu'il n'est que le personnage d'un film.

Par la suite Michelle a rapporté les faits suivants.

«À mon réveil, je passai à côté de la cheminée sur laquelle était posée une licorne en verre soufflé que m'avait offerte un ami longtemps

auparavant. Au moment où je passai près d'elle, la licorne tomba, se fracassa en plusieurs morceaux. La corne se brisa aussi. Le rêve me revint alors brutalement.

À cette époque, je venais de changer de style de vie. J'avais long-temps vécu en marge de la société et cette existence me déprimait. Je venais donc de m'installer dans une nouvelle ville (j'ai fait le rêve dans la semaine qui suivit mon emménagement) où je comptais trouver du travail et recommencer à avoir une vie sociale. Je venais cependant tout juste de faire la connaissance d'un marginal qui me proposait de le suivre dans une communauté installée dans le sud de la France. J'étais donc devant un dilemme : suivre cet homme et demeurer dans la marginalité ou continuer d'habiter seule dans mon nouvel appartement. L'homme me rejoignit chez moi après que j'eus fait le rêve et, après de longues hésitations, je choisis de mettre un terme à notre relation. Ce fut d'ailleurs une sage décision, car je ren-contrai quelques semaines plus tard celui qui est encore aujourd'hui mon compagnon de vie. »

Lorsque Michelle a fait cette expérience synchronistique, elle était dans un état *d'entre-deux*. On peut supposer que cette coïncidence entre le rêve et la réalité a pu contribuer à « orien-ter » son choix de vie. L'inconscient a accès à un plus vaste éventail de données que le conscient pour traiter un pro-blème, et il peut le résoudre en se servant de symboles. Dans l'exemple de Michelle, l'inconscient a pu détecter l'attitude du magicien menteur chez l'homme marginal et a généré un double symbole à la fois dans le rêve et dans la réalité pour « protéger » la rêveuse d'une éventuelle relation avec lui.

L'inconscient peut ainsi condenser certains éléments de nos relations interpersonnelles sous la forme de symboles qui peuvent se déployer dans le réel. Mais extraire le sens sous-jacent à ces symboles est un travail d'élaboration continuel. On n'accède pas directement au sens, tout comme on n'accède pas directement à l'archétype qui le supporte.

Hasard, flocons de neige et jeu de dés

Jung, qui a créé le concept de la synchronicité, n'a jamais affirmé qu'il n'y avait pas de hasard dans la vie. Il a cependant édifié, avec la notion d'archétype[14], les détours nécessaires – les pentes inévitables du psychisme – qui sont activés et qui nous attire dans une direction donnée lors d'une synchronicité. Ainsi, malgré tous les possibles, la psyché délimiterait naturellement certains chemins, conduisant alors l'humain à faire certaines rencontres à des moments précis de sa vie. Selon ce modèle, notre vie se déploierait un peu comme des flocons de neige. Les flocons de neige ont toujours six pointes[15] correspondant métaphoriquement aux thèmes constellés de la vie pouvant attirer des synchronicités. L'intérieur des flocons, tout comme le détail de la vie, abonde cependant de variations aléatoires.

La vie et les rencontres qui parsèment l'existence sont donc un mélange d'ordre et de chaos, de jeu et de déterminisme. D'ailleurs, le mot *hasard* est un mot arabe qui signifie « jeu de dés ». Si la vie ne « jouait » pas un peu, elle serait davantage prévisible et, de là, assez ennuyeuse. Par surcroît, elle serait privée de créativité et beaucoup moins belle. Le hasard est donc ce principe de tâtonnement créatif, ce principe de variation qui, comme celui qui agit à l'intérieur des flocons de neige, leur donne toute leur beauté.

Selon Jung et Pauli toutefois, les dés du hasard seraient parfois pipés. Leur grande découverte, avec la synchronicité, est justement que le sens est le plus grand « pipeur » de dés, c'est-à-dire qu'il peut modifier le cours des événements

---

14. L'archétype est un motif issu de l'inconscient collectif qui nous incite à percevoir le monde d'une certaine manière et influence nos actions.
15. Il s'agit là d'une métaphore, je ne prétends pas que le nombre de thèmes de vie s'élève inévitablement à six, mais que certains thèmes, au nombre indéterminé, conditionnent notre vie par leur répétition.

habituellement régi par la causalité et le déterminisme. Il existerait ainsi des hasards qui s'organisent par le sens.

Observez, dans un parc, quelques enfants qui ne se connaissent pas ; ils s'amusent d'abord individuellement, au hasard, sans ordre, puis, progressivement, ils pourront s'organiser et concevoir des jeux avec des règles très précises et un but bien défini. Mais il y aura toujours la probabilité de retrouver des enfants qui joueront seuls, sans but. Il existe des hasards et des phénomènes hautement improbables qui n'ont pas de cause spécifique, pas de sens ou de finalité qui s'impose pour le sujet qui l'expérimente, ni d'effet de transformation. Ces hasards sont un peu comme des enfants qui décident de faire bande à part.

Puis il existe des événements qui prennent racine dans le hasard mais peuvent ensuite s'organiser par le sens et devenir ainsi des hasards nécessaires, des synchronicités. La synchronicité est donc en définitive une très proche parente du hasard.

Le risque sacré du hasard

Le hasard se mesure à son degré d'improbabilité[16]. Son improbabilité provient de l'ignorance de ses causes ou de l'absence de ses causes comme dans le cas d'un événement acausal synchronistique. Un événement improbable peut fournir beaucoup d'information par le questionnement qu'il nous amène à effectuer dans notre vie. Comme le souligne Kundera : « Seul le hasard peut nous apparaître comme un message. Ce qui arrive par nécessité, ce qui est attendu et se répète quotidiennement n'est que chose muette. Seul le hasard est parlant. On tente d'y lire comme les gitanes lisent au fond d'une tasse dans les figures qu'a dessinées le marc du café[17]. »

Le hasard est nécessaire à la vie et il est une stratégie efficace pour faire émerger de façon créative un nouvel ordre dans la nature. En étant déséquilibrée par un événement fortuit, une synchronicité ou un choc imprévisible, la partie

---

16. Milan Kundera, *L'immortalité*, Paris, Gallimard, 1993, p. 335.
17. Milan Kundera, *L'insoutenable légèreté de l'être*, Paris, Gallimard, 1984, p. 76.

perturbée – une personne, un animal ou une cellule, par exemple – cherche naturellement à retrouver l'équilibre. Sans le chaos de l'imprévisible, il n'y a point d'équilibre. Selon Boris Cyrulnik, l'auteur du concept de résilience (propriété physique d'un matériau qui reprend sa forme après avoir subi un choc), tout traumatisme est supportable dans la mesure où le sujet est capable de l'élaborer dans un récit. Pour l'être humain, retrouver l'équilibre s'inscrit donc dans cette démarche où il va chercher un sens sous-jacent aux événements fortuits d'une synchronicité.

Le hasard est ce jeu dans la vie qui peut remettre en mouvement la personne qui arrive à l'inscrire dans un récit. «Le hasard ne favorise que les esprits bien préparés», disait Pasteur.

La loi des séries et les coïncidences de Kammerer

Certaines coïncidences qui apparaissent comme fortement improbables et dont nous ignorons les causes peuvent se lier ensemble sans comporter de sens. Elles ne constituent donc pas des synchronicités à proprement parler. Paul Kammerer, biologiste autrichien qui vécut au début du XXᵉ siècle, était fasciné par les événements de la vie qui se répétaient. Par exemple, imaginez-vous prenant l'autobus avec un ticket dont le numéro est le 2745, puis allant au restaurant et trouvant le même numéro sur votre facture. Ensuite, vous rencontrez une personne dont le numéro de téléphone comprend également ces chiffres et ainsi de suite... C'est exactement ce genre de coïncidences qui fascinait Kammerer. Il passait des journées entières assis dans des lieux publics à répertorier ses observations afin d'identifier ces types de coïncidences. Ses observations l'ont conduit à développer une *loi des séries*. Ses travaux ont été publiés en 1919 sous le titre *Das Gesetz der Serie* (la loi des séries).

Kammerer répertoria une centaine de cas qu'il regroupa méticuleusement. Il fit la distinction entre le nombre et la puissance des coïncidences. Le nombre désigne la fréquence, c'est-à-dire le nombre de fois que l'événement est reproduit, et la puissance correspond au nombre de parallèles que l'on peut faire entre les événements.

Parmi ses observations, Kammerer donne l'exemple de deux soldats de 19 ans, nés dans la même ville (Silesia), ne se connaissant pas, tous les deux admis dans le même hôpital en 1915, tous deux victimes de pneumonie et tous les deux s'appelant Franz Richter.

La plupart des exemples donnés par Kammerer sont très amusants, mais ne dépassent pas le stade de la coïncidence dite mondaine. Le livre de Kammerer n'est plus disponible, mais on peut lire le résumé de ses travaux dans l'ouvrage d'Arthur Koestler intitulé *The Case of Midwife Tod*, qui est en quelque sorte une biographie de Kammerer. On apprend dans ce livre que la fin de la vie de Kammerer fut dramatique alors qu'il perdit une quantité importante d'observations et d'échantillons de toutes sortes durant la Première Guerre mondiale. Humilié par la communauté scientifique, il se suicida le 26 septembre 1926.

La loi des séries de Kammerer est tombée dans l'oubli, bien qu'elle fût une des premières tentatives en vue d'aborder «scientifiquement» le phénomène des coïncidences. Cette loi des séries nous est utile pour comprendre une facette de la synchronicité, soit la formation de nœuds et de motifs récurrents dans un réseau d'événements. Ces nœuds ne sont cependant pas nécessairement porteurs de sens et ne constituent donc pas des synchronicités.

Voir grand lorsque le monde est petit

La théorie des six degrés de séparation est une autre approche qui aborde les coïncidences. Je me suis familiarisé avec cette théorie d'une façon plutôt synchronistique, grâce à la réalisatrice Vali Fugulin qui réalisa sur le sujet le documentaire *six.lemondeestpetit.ca* produit par l'Office national du film du Canada.

Vali Fugulin a d'abord pris contact par téléphone avec un ami psychanalyste afin d'en savoir plus sur la synchronicité. Ce jour-là j'étais justement chez lui, à Montréal, pour participer à une émission de télévision sur la synchronicité. Après avoir répondu aux questions de la réalisatrice, il lui a parlé de moi. J'ai donc conversé avec elle, puis elle m'a proposé de participer à son documentaire. Plusieurs mois plus tard, on m'informa de la date d'enregistrement de cette interview qui aurait lieu à Montréal. Quelle ne fut pas ma surprise… l'enregistrement se déroulerait le jour où j'allais justement donner une conférence à Montréal. Cette coïncidence était plutôt étonnante, car à l'époque, je ne me rendais que rarement dans cette ville. Et le jour du visionnement officiel du documentaire, je me trouvais également à Montréal pour effectuer une autre émission sur la synchronicité.

Vali Fugulin, qui est depuis apparue à répétition dans ma vie, m'a renseigné sur cette théorie des six degrés de séparation que j'ignorais, théorie qui m'a permis d'approfondir le sujet de la synchronicité.

Nous connaissons tous l'expression *le monde est petit*. Cette expression illustre bien la théorie des six degrés de séparation élaborée par le sociologue de Harvard Stanley Milgram. Pour faire sa démonstration, Milgram effectua en 1967 une recherche au cours de laquelle il demanda à des participants du Kansas et du Nebraska de faire parvenir une lettre à des résidents de Boston en s'adressant à des amis susceptibles de connaître ces gens-là. La lettre devait être passée de main à main et voyager à travers le réseau humain. Il s'est rendu compte que cela prenait en moyenne six intermédiaires pour que la lettre arrive à destination, et cela même si ces personnes cibles habitaient dans des villes éloignées les unes des autres telles que Boston et Kansas City.

Selon cette théorie, si je destine une lettre à une personne désignée au hasard et que je remets cette lettre à des amis susceptibles de lui faire parvenir, il n'y aura en moyenne que six intermédiaires nécessaires pour retrouver la personne ciblée. C'est donc dire qu'il n'y a souvent pas plus de six personnes nécessaires pour joindre n'importe qui dans le monde. La réalisatrice du documentaire de l'ONF a reproduit l'expérience et en a tiré les mêmes conclusions que Milgram, et cela avec des personnes vivant à Montréal et qui étaient liées par moins de six intermédiaires jusqu'au Japon !

Cette théorie s'inspire également des récentes découvertes sur l'émergence d'ordre dans les réseaux, comme nous le verrons au chapitre 4. Cette théorie démontre que dans un vaste réseau de parties individuelles, on observe l'émergence de catalyseurs dans la complexité. C'est-à-dire qu'à l'intérieur d'un réseau, il existe des raccourcis. C'est un principe que l'on dit d'organisation fractale, comme la disposition du sang à l'intérieur du corps, la propagation de virus ou la façon dont une rumeur se répand dans la population. Mais l'élément qui manque encore ici est la dimension signifiante de ces catalyseurs qui émergent de façon unique dans un réseau d'événements synchronistiques.

Jeu et destinée

Nous voyons bien, avec ces deux dernières théories, que toutes les coïncidences ne sont pas nécessairement des synchronicités. La question du hasard et des coïncidences est une question complexe et délicate. Une conception du monde où le hasard n'existerait pas est désolante. Si le hasard n'existait pas et que tout était prédéterminé par un destin implacable, l'individu n'aurait aucun espace de liberté et de jeu.

L'espace de liberté que nous avons dans la réalisation de notre destin est lié à la conscience. Plus l'individu est conscient des thèmes qui personnalisent sa vie, plus il est libre d'exercer des choix ayant une portée créative. À l'inverse, moins l'individu est conscient de ses points sensibles, plus le destin s'impose durement à lui. Jung écrivait : « Ce qu'on ne veut pas savoir de soi finit toujours par arriver de l'extérieur et prendre la forme d'un destin. »

Pour augmenter cet espace de jeu créatif, la synchronicité nous fournit parfois des dés qui ont été pipés par le sens. La synchronicité délimite alors le hasard dans des corridors qui facilitent la quête du sens de notre vie. Mais malgré ma tentative théorique de distinguer ce qu'est la synchronicité de ce qu'elle n'est pas, il demeure difficile d'établir clairement la différence entre hasard et synchronicité. La vie a parfois le sens de l'humour et n'aime pas les catégories. Les exemples qui composent ce livre fourniront des canevas exploratoires plus utiles qu'une élaboration théorique plus approfondie.

Il faut donc être prudent et éviter de « voir du sens partout » comme le personnage principal du film *Signs and*

Wonder, de Johnatan Nossiter. Il n'est pas souhaitable que la synchronicité devienne un moyen d'évacuer notre capacité créative à jouer avec la vie en développant des superstitions maladives, comme le fait cet homme.

Il serait simpliste d'affirmer que tous les hasards de la vie sont porteurs de sens et qu'ils sont synchronistiques. Le sens ne peut exister que s'il y a aussi le non-sens. Certains hasards absurdes peuvent trouver leur voie de solution à travers notre créativité, mais ils n'ont pas de sens caché. Et on peut certainement blesser une personne qui vit un drame en affirmant : «Tu sais, cette catastrophe ne t'est pas arrivée pour rien.» Il est naturel que nous cherchions à tirer profit de nos expériences, mais nous pouvons aussi nous limiter et nous priver de créativité lorsque cette quête d'ordre et de sens ne s'inscrit que dans la rationalité.

«L'ordre est dans l'esprit des hommes et non dans la nature», disait si justement le psychiatre Guy Ausloos[18]. Pour approcher la synchronicité, il faut apprendre à tolérer l'incertitude et à se laisser toucher par les mystères de l'improbable. Afin de laisser entrer cette dimension naturelle de la vie, il faut bien souvent faire le sacrifice d'un ordre rigide et rationnel, un ordre bien souvent bouleversé par le chaos de ces rencontres qui nous transforment.

---

18. Guy Ausloos, *Compétence des familles : Temps, chaos et processus*, Paris, Érès, 1995.

CHAPITRE 2

Rencontrer l'autre dans un monde UN

L'âme aussi, si elle veut se reconnaître,
devra se regarder dans une âme.

PLATON

L'amour, c'est lorsque
la différence ne sépare plus.

JACQUES DE BOURBON BUSSET

L a nuit du 1ᵉʳ janvier 2000 fut particulièrement significative dans ma vie. J'avais décidé de vivre ce changement de siècle en Égypte et d'assister au spectacle intitulé *Les douze rêves du soleil* que présentait le musicien français Jean-Michel Jarre devant les pyramides. Ce spectacle fut sans conteste l'événement culturel et symbolique le plus intense auquel j'ai assisté. Les motifs rythmiques des dumbeks et des darboukas combinés aux étirements langoureux des rababs se juxtaposaient à merveille aux pulsations éthérées des synthétiseurs modernes. Je n'aurais jamais pu imaginer qu'un tel choc entre diverses cultures et les époques pouvait créer un aussi vibrant sentiment d'unité.

Quelques jours avant le spectacle de Jean-Michel Jarre, je me rendis dans un quartier isolé du Caire. J'avais déjà acheté mon billet, mais comme ce qui y était écrit ressemblait à un étrange petit amas de spaghettis, je voulais m'assurer de son authenticité à la Maison française du Caire. C'est à cet endroit que je fis la connaissance d'un couple de Québécois très sympathiques. Ces amoureux avaient décidé de venir se marier en Égypte à l'occasion du passage du millénaire. Après la conversation, nous avons convenu d'assister au spectacle ensemble et ils m'ont donné le nom de leur hôtel. Fort de cette information, je croyais bien pouvoir aller les rejoindre, mais je n'ai jamais réussi à trouver l'hôtel en question et je n'ai donc pas pu les rappeler le jour du spectacle.

Comme il arrive si souvent en voyage, j'ai de nouveau croisé ce couple, par hasard, alors que je marchais en banlieue du Caire, le 31 décembre. Le Caire est une ville de plusieurs millions d'habitants, probablement la ville la plus densément peuplée de l'Afrique et du monde arabe. Cette coïncidence fut donc particulièrement intrigante. Les deux Québécois se rendaient à Saqqara pour visiter la première pyramide à étages construite par l'architecte Imhotep et, comme j'avais déjà visité cet endroit, nous nous séparâmes et nous fixâmes un rendez-vous à l'entrée des pyramides en fin d'après-midi. Programmer délibérément notre rencontre était probablement la meilleure façon de ne pas nous revoir. Malgré mes tentatives, ma petite volonté individuelle ne faisait pas le poids devant les hasards qui les avait placés une deuxième fois sur ma route, en pleine banlieue du Caire. Je n'ai donc jamais revu ce couple à l'entrée des pyramides. J'aurais voulu croire en une manifestation synchronistique, mais le bref passage de ces êtres dans ma vie ne transforma en rien mon existence. Cette coïncidence me fit simplement comprendre qu'une rencontre en apparence synchronistique peut être le fruit de hasards non nécessaires et que pour aborder la synchronicité dans le rapport à l'autre, il faut parfois faire preuve de prudence.

La rencontre

J'ai souvent été envahi par un sentiment d'impuissance devant des gens qui viennent en thérapie chercher «quoi faire» pour rencontrer *la bonne personne*. Il n'existe aucune recette miracle capable de nous concocter une rencontre importante, car, selon moi, les rencontres importantes de notre vie ne se programment pas. La rencontre significative entre deux personnes demeure un mystère que boudent très souvent les lois de la causalité et de la probabilité. En fait, c'est peut-être une illusion de croire que plus nous avons de moyens pour rencontrer l'être cher, plus les chances de rencontrer cette personne augmentent.

Nous avons pu observer quelque chose de similaire en prenant le virage informatique. Nous pensions que l'abondance de l'information allait nous permettre de faire des choix judicieux. Mais voilà que nous vivons actuellement un phénomène qui n'était pas prévisible : la surabondance de l'information. Cet excès est une véritable pollution qui inhibe parfois notre pouvoir de choisir. La seule information qui peut nous être utile devient alors celle qui nous surprend, celle qui nous pousse à sortir de notre passivité et à agir pour l'intégrer. L'information ne conduit pas nécessairement à la connaissance. La connaissance nous vient d'une information que nous intégrons au fil du temps, tout comme l'acte de faire connaissance avec quelqu'un demande du temps. «C'est le temps que tu perds pour ta rose qui la rend si importante», disait Saint-Exupéry.

Nous vivons un phénomène semblable dans notre rapport à l'autre. Les rencontres de plus en plus nombreuses et rapides qui surviennent dans nos vies agissent comme un surplus d'information. Elles peuvent conduire à des attitudes superficielles qui bloquent bien souvent les possibilités de faire véritablement connaissance avec quelqu'un.

Sur la même longueur d'onde

En effet, les possibilités d'entrer en contact les uns avec les autres n'ont jamais été aussi nombreuses qu'aujourd'hui. Les agences de rencontres traditionnelles, les systèmes de rencontres téléphoniques et les réseaux de clavardage (*to chat*) sur Internet sont tous des moyens qui ont pour but de nous rapprocher rapidement et facilement les uns des autres. On prépare d'ailleurs des agences de rencontres «à puces» qui seront édifiées sur la même base que les Tamagoshis. Les Tamagoshis sont ces petites poupées électroniques très populaires auprès des enfants. Les besoins essentiels tels que manger, dormir, se protéger et d'autres encore, sont pris en charge par l'enfant qui s'en occupe à la manière d'un parent. Il existe une nouvelle génération de Tamagoshis dont les besoins affectifs et relationnels doivent aussi être pris en compte. Ces nouvelles poupées sont dotées d'une puce que l'enfant peut programmer selon sa personnalité et ses préférences. Cette puce munie d'un émetteur–récepteur radio transmet des ondes sur une fréquence déjà programmée. Lorsque, dans un rayon de quelques mètres, une de ces poupées rencontre un autre Tamagoshi possédant une fréquence d'ondes compatible, la puce active une sonnerie. Les deux enfants sont ainsi mis en contact par le biais de leurs poupées. En s'inspirant de ce principe, on verra peut-être dans peu de temps apparaître des cellulaires munis de ce type de puce qui pourront détecter la présence d'une «âme sœur» à proximité!

Malgré tous ces moyens artificiels pour nous rapprocher, nous rencontrons-nous vraiment? Malgré tous les moyens mis à notre disposition pour limiter la part de hasard dans nos rencontres et les assujettir à la raison, sommes-nous en mesure de faire les bons choix?

Dans une conférence donnée à Québec, Ignacio Ramonet[19], le rédacteur en chef du *Monde diplomatique*, soulignait que les lois du marché et de la technologie s'infiltrent de plus en plus dans les relations interpersonnelles: nos compagnes et compagnons de vie sont choisis de la même façon que nous faisons notre épicerie, soit en laissant de moins en moins de place à l'intuition et au hasard au profit d'une consommation rapide. Le rapport à l'autre est de plus en plus influencé par les valeurs dominantes de la

---

19. «Géopolitique du chaos», conférence de Ignacio Ramonet dans le cadre du Salon du livre de Québec, 1998.

société de consommation. Même si l'amour est étranger aux lois du débit et du crédit, la croyance sous-jacente à ces valeurs veut que l'autre *rentabilise* notre investissement par le biais de sa personne. Et cet investissement doit fructifier rapidement, sinon nous avons l'impression que nous perdons notre temps ou, pour parler crûment, que nous ne faisons pas «une bonne affaire» en étant avec lui ou avec elle. À ce propos, le vulgarisateur et comédien Jacques Languirand est très perspicace lorsqu'il soutient que le couple est devenu «un genre de PME[20]».

Le profit personnel n'a rien à voir avec les nécessités de transformation, la spontanéité et la gratuité qu'apporte la synchronicité dans notre vie. Avec la synchronicité relationnelle, les besoins individuels cèdent le pas aux nécessités de la collectivité. Cette évolution implique parfois des sacrifices individuels. Qui entrera dans notre vie? Qui nous transformera? Même si nous croyons être seul à tenir les rênes, des nécessités collectives semblent guider cette mystérieuse chimie des rencontres.

Les atomes crochus

Il existe bien sûr plusieurs types de rencontres et toutes n'auront pas le même effet. Mais la rencontre synchronistique échappe aux volontés du moi au profit d'une autre intervention. C'est lorsque la psyché cherche à s'ouvrir que cette rencontre a le plus de chances de survenir. L'expression «avoir des atomes crochus avec quelqu'un» n'est alors peut-être pas étrangère aux propriétés «chimiques» de nos transformations interpersonnelles. Comme le suggère Michel Tournier dans la préface des *Affinités électives*, c'est probablement l'une des idées principales de Goethe sur l'amour, que celle où la «la nature obéit aux mêmes lois, et qu'il existe d'inexorables correspondances entre les mouvements des molécules et ceux des cœurs amoureux[21]».

Dans les systèmes biologiques, nous observons chez des molécules un processus de catalyse favorisant certaines

---

20. L'acronyme PME désigne au Québec la petite et moyenne entreprise.
21. Goethe, *Les affinités électives*, Paris, Gallimard, 1954, p. 19.

réactions chimiques. Dans le même ordre d'idées, pourquoi ne pas voir certains individus comme étant des catalyseurs qui déclenchent les réactions psychiques transformant la vie de certaines personnes?

Les rencontres «catalysantes» nous feraient alors sentir davantage nous-même et surtout, elles nous permettraient de nous transformer et de révéler de nous des facettes insoupçonnées. Mais pour découvrir ce que nous ignorons de nous-même, encore faut-il nous rendre disponibles à la gratuité de la rencontre.

Nous entendons souvent cette expression parfois très frustrante: «Cesse de chercher. C'est lorsque tu t'y attendras le moins que cela va t'arriver.» En réalité, cette expression populaire exprime le fait que la toute puissance illusoire du moi doit parfois abdiquer devant les mouvements de l'inconscient collectif pour être disponible à quelque chose de nouveau. L'inconscient collectif déploie des signes subtils et un *timing* synchronistique qui peuvent conduire à une rencontre significative.

On trouve souvent ce manque de disponibilité à la rencontre chez les personnes qui ont une faible estime d'elles-mêmes. Celles-ci attireront à répétition des gens qui les domineront, ignorant ou éloignant d'elles tous ceux qui essaient de les approcher pour les aider à se transformer.

C'est précisément le cas du personnage de Sue dans le film *Sue perdue dans Manhattan*, d'Amos Kollek. Le réalisateur met en scène une femme qui perd son travail et ses amis, et qui se retrouve à la rue avec une très faible estime d'elle-même. Elle n'entre en rapport avec les hommes que sous la modalité sexuelle et se fait berner de façon répétitive par les gens qu'elle croise. Mais le «hasard» place sur son chemin des êtres qui pourraient changer le processus de destruction qui s'amorce dans sa vie. C'est notamment le cas d'une connaissance, une étudiante en psychologie qui lui offre son soutien. Mais Sue refuse son aide. Cette femme va même jusqu'à lui offrir spontanément une grosse somme d'argent pour l'aider à améliorer sa situation, ce qui causera un traumatisme chez Sue, qui ira vomir dans une poubelle. Sue, trop habituée à la destruction, réagit de cette façon parce que quelqu'un tente de reconstruire quelque chose en elle. Cette femme n'attend rien en retour, mais Sue est incapable de le croire et de l'admettre. Puis, elle rencontre par « hasard » un homme qui pourrait la remettre en mouvement. Elle est ambivalente, car il est un grand voyageur, entendons ici un *trickster*[22]. Sue est attirée vers lui, mais en même temps, elle a peur et court-circuite la relation. Elle lui répète qu'il est un accident dans sa vie, qu'il n'est pas réel, ce qui crée une distance entre eux. Elle lui fait aussi comprendre qu'elle a peur qu'il l'abandonne, mais en réalité, on peut supposer qu'elle a plutôt peur de se transformer. L'homme part travailler en Inde pour un mois. À son retour, Sue est devenue une sans-abri. Sans nouvelles d'elle, il l'attend devant la porte de son appartement pendant plusieurs jours d'affilée. Lorsqu'elle revient pour prendre son courrier, elle refuse de l'embrasser, se cache de lui, et cela, même s'il fait preuve de gentillesse et de patience. Il lui propose même d'aller en Inde avec lui, mais elle refuse cette occasion de changer.

Nous fermons généralement les yeux devant un rapport qui pourrait permettre des transformations. Nous tournons le dos à ces occasions de changement, et bien souvent pour préserver une identité souffrante à laquelle nous nous sommes habitués. En effet, le changement fait souvent peur, même lorsqu'il s'agit de passer d'une situation peu enviable à un statut plus agréable. Certains inconnus que nous croisons dans la rue nous attirent mais notre raison nous en détourne. Nous éprouvons parfois du regret lorsque nous perdons l'occasion d'aborder une personne qui a su stimuler notre intérêt. La somme d'énergie accumulée par ces occasions ratées et ces regards détournés prendra toute sa force dans le coup de foudre. La passion amoureuse, que nous pouvons associer à la rencontre synchronistique, contient d'une certaine façon tous ces rendez-vous manqués.

---

22. Le *trickster* est l'archétype du mouvement et des voyages, et il est associé aux transitions.

La rencontre synchronistique

La rencontre synchronistique se produira le plus souvent lors de périodes de transition. Dans ce type de rencontre où la charge émotionnelle est très importante, la personne rencontrée vient faire écho aux nécessités du processus d'individuation.

Bien sûr, des facteurs causals contribuent à l'attirance entre deux personnes. La dimension biologique par l'activation des phéromones[23], la dimension sociale, notre histoire personnelle et notre éducation sont autant de facteurs susceptibles d'influer sur nos choix amoureux. Le livre *La mémoire du désir*, de Michel Dorais, exprime bien la démarche amoureuse et le visage que prennent nos désirs. Selon l'auteur, nos attirances envers les êtres existent en fonction des gens que nous avons croisés autrefois, c'est-à-dire que notre désir est subtilement façonné par nos rencontres passées, par exemple la rencontre d'un ami d'enfance, d'une amie de la famille ou toute autre rencontre ayant inconsciemment laissé des empreintes.

Je ne m'attarderai pas à ces facteurs causals, car ils sont bien connus. Je propose simplement de nouvelles pistes dites «acausales» dans le phénomène de l'attraction interpersonnelle. On a beaucoup écrit sur les causes de nos choix amoureux et sur la relation proprement dite, mais peu sur la finalité de ces choix. Les forces collectives poussent évidemment, par l'instinct de reproduction, deux personnes à s'accoupler pour assurer la survie de l'espèce. Mais la procréation n'est plus le motif principal de nos relations amoureuses. Certains liens permettent peut-être d'autres finalités. Par exemple, dans une version élargie du rapport amoureux, un individu pourra «accoucher» d'un grand projet qui

---

23. Substance sécrétée pour permettre d'identifier les partenaires en vue de l'accouplement. Chez l'humain, leur effet demeure profondément inconscient, car l'odorat est habituellement le sens le moins développé de l'homme. Chez les fourmis, les phéromones peuvent jouer plusieurs rôles, dont celui de les guider par exemple vers des sources de nourriture. Lorsqu'une source est trouvée, une fourmi sécrète la substance qui sera captée par ses consœurs de la colonie.

sommeillait en lui-même et qui ne demandait qu'à émerger, ou encore pourra mettre au monde des idées qui influenceront les collectivités à venir. Le collectif pourrait donc opérer globalement pour agencer deux parties individuelles ensemble afin d'assurer la survie de l'espèce, mais aussi pour assurer la vitalité de l'âme collective.

Par ailleurs, très peu a été dit sur les rencontres et sur leur *timing*. C'est ainsi que la synchronicité peut offrir quelques pistes. Quels mystérieux messages l'inconscient collectif révèle-t-il pour attirer telle ou telle personne dans le voisinage de notre conscience à tel ou tel moment de notre vie? Comme le souligne Alberoni, cette rencontre «est un moment de bonheur intense, un moment de vie où nous comprenons mieux à la fois le monde et nous-même, où nous percevons que l'autre nous aide à suivre la juste voie[24]».

Le voyage de Catherine

Dans une rencontre synchronistique, suivre la juste voie implique bien souvent de renoncer à la relation réelle pour intégrer la dimension symbolique. Les rencontres synchronistiques sont un peu comme les étoiles qui vivent de façon inversement proportionnelle à l'intensité de leur brillance. Ce type de rencontre hautement symbolique peut difficilement se poursuivre sur une longue période de temps dans la réalité. Les personnes qui marquent le plus notre vie symboliquement ne sont pas toujours celles avec qui nous vivons. Elles nous ouvrent des portes, mais il est rare que nous les franchissions en leur compagnie. Tout comme le visiteur qui entre et sort sans prévenir, ces gens entrent et sortent de notre vie mystérieusement, et ils nous quittent bien souvent sans raison. C'est alors qu'il faut considérer la portée symbolique de ces liens et confronter notre attitude naturelle à vouloir maintenir cet état d'exaltation que nous procurent ces rencontres. La passion amoureuse est probablement le moyen le plus puissant d'altérer la conscience.

---

24. Francesco Alberoni, *L'amitié*, Paris, Ramsay, 1985, p. 16.

Un peu comme un alcool ou une drogue, il nous fait vivre des expériences intenses, parfois destructrices, mais qui visent inconsciemment la transformation. Il n'est pas étonnant d'éprouver une pareille fascination lors d'une rencontre fortement marquée par la passion, mais on ne peut pas demeurer dans un tel état indéfiniment.

Une rencontre synchronistique pourra parfois se vivre dans la réalité, à condition que l'individu puisse récupérer les projections qui sont particulièrement massives dans ce genre de rencontre. Mais la plupart du temps, cette rencontre se fait en mode symptomatique, comme nous le verrons dans la section traitant des relations symptomatiques et des amours impossibles. Dans ces cas-là, l'individu s'accroche littéralement à l'autre alors que celui-ci a davantage une portée symbolique dans sa vie. C'est alors que le symbole devient un symptôme et que l'individu a l'impression de vivre «l'enfer et le paradis[25]», comme un voyage sans fin chez les dieux et les démons. Ce fait est très bien illustré dans l'exemple de Catherine.

C'est au cours de la soirée de la remise de son diplôme (doctorat) que Catherine, une femme célibataire dans la jeune trentaine, rencontra celui qui allait devenir son amoureux. En me racontant son histoire, elle insista pour dire *qu'elle n'était pas croyante, qu'elle était très rationnelle et qu'elle n'était pas superstitieuse en général.*

Deux jours avant la cérémonie, elle assista à une pièce de théâtre intitulée *Mustafa Farek* (le titre a été changé pour conserver l'anonymat de cette cliente). Lors de la remise des diplômes, Catherine remarqua que les responsables terminaient la cérémonie sans respecter l'ordre normal de présentation et qu'ils remettaient le dernier diplôme à un dénommé «Mustafa Farelk». Une seule lettre différenciait les deux noms. Catherine fut intriguée par la coïncidence, puis elle se dit intuitivement que l'homme aperçu rapidement lors de la soirée ne suivrait certainement pas le même genre de destin que le personnage dans la pièce. Une petite fête suivit la cérémonie. Elle ne rencontra personne et quitta l'endroit en

---

25. Expression de Jan Bauer pour décrire les amours impossibles.

décidant de se rendre à son restaurant préféré qui n'était pas situé dans le quartier où avait lieu la remise des diplômes. Elle s'assit, commença à manger, puis fut intriguée par l'arrivée d'un homme qu'elle trouva très attirant. Elle remarqua que, curieusement, cet homme portait un insigne de la cérémonie. Elle alla lui parler pour découvrir, non sans surprise, qu'il était Mustafa Farelk, l'homme qui venait de recevoir son diplôme ! Ils échangèrent quelques mots et leurs cartes professionnelles, puis décidèrent de se rappeler.

L'homme habitait dans une ville dans laquelle elle devait justement se rendre la fin de semaine suivante pour y donner une conférence. Elle y retrouva Mustafa Farelk et ils commencèrent à se fréquenter. Il lui précisa cependant dès le départ qu'il ne voulait pas se marier ni s'engager avec elle, car il avait le projet de retourner dans son pays, le Maroc. Comme la relation se vivait à distance, la nature passionnée et projective du lien s'accentua.

Le jour de son anniversaire, Catherine apprit qu'un bébé de deux ans venait de mourir accidentellement dans sa région. Quelques semaines plus tard, Paul, son meilleur ami, mourait lui aussi. Paul avait été son premier grand amour et elle le connaissait depuis 22 ans, elle fut donc très affectée par cette perte. L'atmosphère qui entoura la relation avec Mustafa était marquée par des motifs de ruptures et de morts. Quelques mois plus tard, Mustafa quitta le Québec pour retourner au Maroc et Catherine vécut cette séparation comme une autre mort.

À la fin de cette année-là, tout à fait par hasard, les parents du bébé décédé vinrent la consulter. Catherine entama alors une thérapie de deuil avec eux, mais sans savoir s'ils pourraient lui payer la thérapie.

Au cours de l'été, elle reçut une invitation de Mustafa : il voulait que Catherine aille le rejoindre au Maroc pour les vacances. Au même moment, elle reçut par la poste le paiement de la thérapie qu'avait suivie la famille en deuil. Comme ce montant était le même que le prix du billet d'avion pour le Maroc, Catherine en déduisit qu'elle était prédestinée à aller rejoindre son amoureux.

À partir d'ici, les subtilités de la synchronicité doivent être examinées. La relation évolua durant quelque temps mais elle fut particulièrement difficile pour Catherine. Cette dernière tentait de *voir des signes* qui lui confirmeraient que leur histoire allait se poursuivre, mais cette relation amoureuse devenait de plus en plus compliquée. En réalité, la différenciation de la projection s'était déjà faite au moment où Catherine s'était dit intuitivement que l'homme dans le théâtre et l'homme réel ne suivraient pas le même genre de destin. Autrement dit, l'inconscient exprimait déjà les enjeux de la relation à venir, soit la nécessité de distinguer entre la représentation symbolique associée au personnage de la pièce et l'homme qui ne voulait pas entretenir de relation durable. Par surcroît, Mustafa lui avait toujours dit que le mariage serait impossible. La coïncidence du prix du billet était donc une interprétation littérale de l'invitation à la transformation que suggérait ce lien.

L'événement synchronistique n'est pas un « signe » qui nous indique de faire quelque chose, comme un feu de circulation nous indique que nous pouvons traverser la rue. La synchronicité est plutôt un ensemble de symboles qui n'implique pas toujours une réponse littérale à l'impulsion qu'elle provoque. Le sens d'un symbole synchronistique n'est donc pas bien déterminé dans sa forme. Il se concrétise grâce à l'expérience qui résulte de la rencontre et avec la problématique inconsciente qui tente alors de se dénouer. Le sens d'un symbole nous incite à bouger, à nous questionner et à choisir une orientation, sans toutefois nous montrer la destination ou l'endroit où se trouve la réponse.

Catherine était très attirée par la culture arabe, par la danse orientale et le théâtre. Cette femme qui avait investi toute sa vie dans une carrière scientifique était peut-être appelée, grâce à cet homme d'une autre culture, à une transformation et à une remise en question de ses valeurs.

Elle décida de faire le voyage réel dans l'espoir de se marier avec lui. Elle avait même mis sa maison en vente avant d'aller le rejoindre. Elle passa quelques jours au Maroc dans un hôtel. Au cours de ce voyage, les fréquentations reprirent, mais elle dut revenir, car Mustafa lui rappela qu'il n'avait toujours pas l'intention de l'épouser. Peu après son retour, elle apprit qu'il s'était marié avec une autre femme, ce qui la bouleversa.

Le sens de la rencontre synchronistique est parfois difficile à percevoir lorsque nos désirs sont intenses. Mais dans le cas de Catherine, plusieurs éléments portent à croire que la rencontre était associée à des transformations que cette femme effectuait dans sa propre vie, et donc que la rencontre avec Mustafa avait une valeur symbolique. Nous n'avons qu'à penser aux nombreuses coïncidences gravitant autour du thème de la mort, et principalement à la coïncidence initiale avec le monde intuitif et artistique qu'elle avait délaissé au profit d'une carrière scientifique (rationnelle). La forte attirance, voire même la fascination pour cet étranger annonçait aussi cette charge émotionnelle si particulière que ressent la personne qui vit une synchronicité. Tout cela dans une période de transition, soit la remise de son diplôme.

La rencontre synchronistique capable de nous transformer radicalement survient en période de nécessité de transformation psychique et ne se présente pas fréquemment dans une même vie. Cependant, certaines personnes pourront vivre beaucoup de phénomènes synchronistiques et d'autres moins. Comme le mentionne si justement Alberoni: «En réalité, dans la vie, l'amour comme toutes les transformations radicales, ne peut apparaître que quelquefois ou même jamais[26].»

Pour identifier une rencontre synchronistique, les mêmes repères que pour la synchronicité valent, à savoir que la rencontre fait fortement écho extérieurement à un état intérieur. Cet état se traduit notamment par de nombreuses coïncidences pleines de sens, une forte charge émotionnelle qui prend parfois de nombreuses années à se dissiper, si elle se dissipe. Cette rencontre témoigne de transformations, dans notre personnalité, qui se traduiront par exemple par une ouverture à de nouveaux intérêts, à de nouvelles cultures, à de nouveaux goûts musicaux ou littéraires, à de nouvelles activités, etc. Il est à noter que c'est souvent au cours de ce

---

26. Francesco Alberoni, *Le choc amoureux*, Paris, Ramsay, 1984, p. 124.

type de rencontres que nous sommes mis en contact avec des œuvres ou des auteurs qui auront une influence au cours de notre vie. Finalement, ces rencontres surviennent dans des moments de transition, de questionnement ou de chaos. La rencontre synchronistique est ce bâillement chaotique, cet étirement vers l'autre où la psyché s'oxygène en entraînant avec elle tout le cortège des promesses de l'éveil. Cet éveil se fera cependant bien souvent seul...

Les microprocessus symboliques

La synchronicité dans le rapport à l'autre ne s'applique pas seulement à la rencontre proprement dite. Il y a aussi des synchronicités qui nous poussent plus doucement vers certaines personnes avec lesquelles la relation, bien souvent moins passionnée, pourra s'échelonner sur une plus longue période. J'ai nommé ce phénomène plus subtil *les microprocessus symboliques*. Les microprocessus symboliques sont beaucoup plus fréquents que les rencontres synchronistiques, mais demandent du temps et de l'intuition pour reconnaître leur sens, leur direction. C'est comme si l'inconscient préparait longtemps à l'avance certains de ces rendez-vous auxquels nous sommes conviés. Pour illustrer mon propos, voici l'expérience que l'une de mes amies a vécue.

Pour Brigitte, la nuit du 31 décembre 1999 fut le point de départ d'une série de coïncidences concernant la thématique des non-voyants qui la conduisit à une rencontre qui transforma sa vie. Tout d'abord, lors d'une fête qu'elle organisa chez elle, elle reçut la visite d'une amie qui était accompagnée de son nouveau copain, un non-voyant. Désillusionnée par l'amour, Brigitte avait définitivement « coupé » le courant de l'amour avec les hommes, mais elle fut intriguée par cette union. Elle se surprit alors à se dire que ce type de relation allait probablement avoir lieu dans sa propre vie. Par la suite, plusieurs petites coïncidences se produisirent autour de ce thème, coïncidences qui l'amusèrent, sans plus.

Plusieurs mois après cette soirée, un problème avec le circuit électrique dans l'appartement de Brigitte causa une panne d'électricité, et mon amie se retrouva dans le noir. Elle fit appel à son propriétaire pour effectuer la réparation. Curieusement, il arriva accompagné d'un assistant, Christian, un électricien non-voyant, ce qui est assez inhabituel.

Amusée par la coïncidence, elle se rendit compte de l'effet que cela produisait de se retrouver, tout comme cet inconnu, dans le noir. L'électricien effectua lui-même la réparation avec l'aide du propriétaire qui lui fournissait des indications et le courant fut rétabli. Fascinée par une telle débrouillardise, Brigitte eut envie de connaître Christian et lui demanda donc ses coordonnées. Elle le rappela de temps en temps pour discuter.

Tout en approfondissant progressivement la relation, Brigitte découvrit qu'elle était amoureuse de Christian, qu'elle associait maintenant à ce curieux présage qui s'était annoncé dans la nuit du 31 décembre 1999. Comme si l'inconscient avait préparé, plusieurs mois à l'avance, l'arrivée de cet homme qui rétablit chez elle le courant de l'amour et lui permit de voir le monde... sous un jour nouveau.

Les microprocessus symboliques sont parfois invisibles à l'œil nu ou peuvent paraître, d'un point de vue qui n'est pas le nôtre, comme une exagération de notre attention sélective. Bien plus qu'une simple orientation de notre conscience, ces messages symboliques orientent nos choix, leur donnent un sens. Lorsque nous en faisons nous-même l'expérience, nous savons intuitivement qu'ils conduisent quelque part (même si la destination ne doit nous être révélée que bien plus tard). Écrire un journal dans lequel on consigne des indices de synchronicités, tout comme un journal de rêves, peut nous aider à localiser ces inclinaisons subtiles dans notre vie. En notant soigneusement l'événement, l'effet qu'il suscite en nous, les éléments reliés au contexte qui entoure ces coïncidences et ces rencontres, nous pouvons mettre à jour plus facilement ces messages du psychisme. Il est alors possible de repérer le point de départ et la direction de ces symboles comme a pu le faire Brigitte dans la nuit du 31 décembre 1999.

Avec le recul, nous pouvons observer comment l'existence synchronise bien les rencontres qui auront leur importance dans notre vie. Alors que nous croyons avoir «perdu notre temps» avec telle personne, nous nous rendons compte qu'elle nous a inconsciemment préparé à la rencontre d'une autre personne, qui elle-même nous a conduit à une autre personne, et ainsi de suite. Nous n'aurons finalement pu connaître cette dernière personne que grâce à la lente progression des rencontres précédentes. Ainsi, un apparent désordre, un apparent chaos, peut parfois laisser apparaître une construction parfaitement ordonnée.

La synchronicité relationnelle s'inscrit dans un continuum qui va de la rencontre synchronistique (qui transforme radicalement une vie) aux microprocessus symboliques de nature «poétique» (qui nous transforment progressivement). Ces microprocessus nous dévoilent peu à peu la dimension symbolique du monde. Dans le cas des microprocessus symboliques, le ou les motifs qui tentent de se dénouer symboliquement sont répartis sur une longue période de temps et émergent plus subtilement. La transformation, qui s'opère de façon plus nuancée, aura plus de chances de conduire à une relation durable. Ces microprocessus symboliques sont comme les motifs subtils dans nos rêves et demandent une attention particulière. Ainsi nous rêvons toutes les nuits, mais nous ne faisons pas un rêve «archétypique» chaque nuit, c'est-à-dire un grand rêve correspondant ici à une rencontre synchronistique. De la même façon qu'on peut interroger ses rêves à plusieurs niveaux, on peut aussi interpréter ces messages de l'inconscient à plusieurs niveaux.

Au seuil de l'autre : les synchronicités d'entrée en lien

Comme la manifestation typique de la synchronicité est susceptible de se produire dans les frontières et les passages de notre vie, elle peut donc se produire de façon plus marquée dans les frontières de nos liens, par exemple, dans les premiers instants d'une rencontre avec une personne significative. Sans faire allusion directement au concept de synchronicité, Alberoni, dans *Le choc amoureux*, parle de la dimension symbolique des premiers instants d'un lien[27] :

_____

27. Francesco Alberoni, *Le choc amoureux*, Paris, Ramsay, 1984, p. 45.

« L'état naissant provoque une prolifération de signes. Dans ce processus au cours duquel le passé et le présent sont concernés, la nature agit également. La pluie, le soleil, la forme d'un nuage s'enrichissent d'une plus-value, deviennent les signifiants de quelque chose d'étroitement lié à l'être aimé et à l'amour ; ils prennent un sens, ils indiquent une direction. Puisqu'un obstacle existe, puisque l'autre est différent, puisque la réponse n'est jamais absolument certaine, du moins, exactement proportionnelle à la demande, les faits, les choses, les combinaisons les plus fortuites se transforment en signes à interpréter. »

Jung se situe dans une perspective différente d'Alberoni, car il ajoute la dimension transcendante du symbole, le situant en dehors du temps et de l'espace. Le symbole n'est pas que le fruit d'une hallucination gratuite. Le contenu symbolique issu d'une tension psychique informe le sujet sur le dénouement possible de cette tension et prend racine dans l'inconscient collectif. Certes, le symbole se nourrit de l'état d'angoisse et de tension que suscite l'inconnu, mais il fait aussi preuve d'une certaine invariance d'échelle, c'est-à-dire que dans le symbole peut être contenue la totalité : nous retrouvons, dans le détail d'une situation, les traces de la forme globale à venir. Rappelons qu'au niveau de l'inconscient collectif, le temps et l'espace ne sont pas différenciés.

Nous sommes extrêmement sensibles à tout ce qui compose les débuts d'une relation. Les premiers moments d'une rencontre influenceront profondément tout ce qui pourra survivre à cette rencontre. Chez l'humain, comme dans tout système complexe, une petite cause peut engendrer de très grands effets avec le passage du temps. Tout est question de synchronisme et d'état initial, c'est-à-dire l'état dans lequel se trouve la personne qui fait une rencontre. Il nous arrive parfois de nous demander ceci : « Comment se fait-il qu'une telle personne soit avec telle autre ? » Certaines « combinaisons » de gens nous paraissent étonnantes. Toutefois, si nous avions pu être présents lors de « l'empreinte initiale », nous pourrions peut-être mieux comprendre comment de simples petits hasards se transforment en grand amour. À ce titre, Kundera est très éloquent lorsqu'il écrit : « Pour qu'un amour soit inoubliable, il faut que les hasards s'y rejoignent dès le premier instant comme les oiseaux sur les épaules de saint François d'Assise[28]. »

Élisabeth et les oies

Les débuts d'une relation sont pavés de symboles. Nous pouvons leur porter une attention particulière dans le contexte physique et temporel de la rencontre initiale d'un lien significatif.

Voici un exemple de début de relation où un thème symbolique ayant rapport aux oiseaux s'est imposé dès les premiers instants du lien.

J'ai connu Élisabeth grâce à une amie commune. Nous nous sommes d'abord téléphoné à plusieurs reprises avant de nous fixer un premier rendez-vous dans un café. Comme nous ne nous étions jamais vus auparavant, nous avons décidé de nous rencontrer devant la porte d'entrée. J'arrivai en premier et au moment où je vis Élisabeth s'avancer vers moi, une longue volée d'oies traversa le ciel. Sans vouloir accorder un sens définitif à ce symbole, nous retrouvons ce même symbole de l'oie en Russie, en Asie centrale et en Sibérie : il représente la femme désirée, la femme choisie. Par ailleurs, les oies sont aussi associées à la genèse de familles nombreuses. Au fil de la relation qui suivit cette première rencontre, le thème de mettre au monde de nombreux enfants fut justement la source majeure de frictions entre Élisabeth et moi, jusqu'à devenir le motif de notre rupture.

Nous sommes toutefois demeurés de très bons amis. Lors de notre première sortie en tant qu'amis, alors que notre relation s'était transformée, nous sommes allés au cinéma. Comme par hasard, la scène finale du film que nous avons vu ensemble ce jour-là montrait une longue et immense volée d'oies !

---

28. Milan Kundera, *L'insoutenable légèreté de l'être*, Paris, Gallimard, 1984, p. 77.

Les synchronicités de maintien

Lorsque la relation amoureuse marquée par la synchronicité en arrive à se maintenir dans le réel par un retrait des projections, il est normal que les synchronicités diminuent dans le quotidien. Rappelons que la synchronicité survient plus généralement lorsque la psyché est sous tension ou que l'individu se trouve en période de transition. Une relation amoureuse harmonieuse sera donc le signe que les choses se déroulent normalement et que l'inconscient n'a pas à intervenir pour orienter l'individuation des personnes. On assiste à un retrait des projections et à une plus grande responsabilisation entre les partenaires. À l'occasion de tensions dans le couple cependant, des synchronicités pourront survenir pour orienter les partenaires et suggérer un sens aux impasses.

Il est donc préférable, lorsque tout va bien dans la relation, de ne pas nous questionner continuellement sur le sens de chaque hasard, car en cherchant continuellement un ordre signifiant nous pourrions provoquer le désordre.

Les synchronicités de sortie

On reconnaît toujours le bonheur par le bruit qu'il fait en nous quittant, dit une expression. C'est effectivement lorsque nous perdons un être cher et que nous prenons conscience du vide qui s'ensuit que nous mesurons l'ampleur du manque. La douleur est d'autant plus intense lorsque la personne que nous perdons est idéalisée. «Les seuls paradis sont ceux que nous avons perdus», disait Camus. C'est la raison pour laquelle une personne qui avait une grande importance pour nous prend souvent le statut de dieu ou de déesse lorsqu'elle disparaît de notre existence. À la fin d'une relation, la très forte charge affective est souvent marquée par la présence de signes synchronistiques. Nous n'avons plus de liens avec une personne réelle, mais avec l'image que nous avons créée à partir de cet «Autre» qui a pris racine dans les forces de l'inconscient collectif.

Les images qui prennent naissance au moment où le lien est rompu peuvent produire de grandes tensions, la psyché puisant ces images et ces motifs dans le passé de l'histoire humaine. L'exemple de l'abeille donné au chapitre premier est une manifestation typique d'un symbole qui termine une relation et ramène les thèmes fondamentaux en puisant dans le symbolisme de l'inconscient collectif; le cas de Louis en est un autre exemple.

Louis et le ver solitaire

Louis est un homme dans la trentaine qui se présenta un jour dans un groupe de lecture sur la synchronicité avec l'histoire suivante.

« J'ai vécu pendant quelques années une relation passionnée avec Léa. Au cours de ces années-là, j'ai rêvé à plusieurs reprises que Léa prenait la forme d'un serpent et me mordait l'estomac. Léa était une femme très dépendante, je la trouvais très envahissante mais j'étais incapable de mettre un terme à notre relation. Un jour, à la suite d'un examen médical, j'ai découvert que j'avais un ver solitaire. Ce parasite affecta considérablement mon état de santé. Ma relation avec Léa était ponctuée de ruptures et de retrouvailles continuelles. Dans la nuit qui suivit une de ces ruptures particulièrement pénibles, j'ai évacué la tête du ver solitaire, rétablissant ainsi ma santé physique. »

Cette « apparition » de la tête du ver solitaire, que Louis associa au serpent, coïncida avec la fin de la relation. Il n'eut plus jamais de nouvelles de cette femme après cet événement synchronistique.

Les synchronicités dans les autres formes de liens

Les synchronicités n'apparaissent pas seulement dans le rapport amoureux. Elles surviennent aussi dans les relations professionnelles et amicales, là où les projets créatifs, souvent dépositaires de synchronicités, abondent. Par exemple, la création de ce livre fut ponctuée de rencontres qui suivirent le cours de ces mystérieux hasards.

Je vais dîner pratiquement tous les jours dans un café de la rue Saint-Jean à Québec, et situé à mi-chemin entre mon appartement et mon bureau. J'y vais surtout pour écrire, noter différentes idées, mais aussi pour le lait (qui est probablement le lait le plus froid de tous les cafés de la ville grâce à de vieux réfrigérateurs en bois). Je fréquente donc cet endroit depuis des années mais je n'adresse pas la parole à mes voisins de table (étant plutôt concentré sur mes écrits), et je ne me suis jamais fait aborder par des inconnus non plus.

Toutefois, un jour d'exception, j'y ai fait la rencontre de deux personnes d'âge moyen, fait plutôt inusité étant donné que ce café est habituellement rempli de jeunes. Ils m'ont abordé en me demandant si j'écrivais de la poésie. Je leur ai répondu que je notais des idées générales sur la psychologie, sans en préciser le contenu. Nous avons ensuite discuté de psychologie et, en les quittant, je leur ai simplement mentionné que j'étais président du Cercle Jung de Québec, et que nous avions régulièrement des rencontres pour discuter, entre autres, des aspects psychologiques des films. Quelques jours plus tard, je recevais un coup de fil de la fille de ces personnes, laquelle était recherchiste à Montréal et préparait une émission de télévision sur la synchronicité. Ses parents lui avaient dit que je m'intéressais à Jung et elle avait réussi à me joindre par le biais du Cercle. C'est alors que j'ai appris à cette femme que le thème de la synchronicité était justement mon sujet de recherche, ce qui l'a évidemment ravie. Elle m'a donc demandé de participer à cette émission. Là encore, comme dans l'histoire de la réalisatrice décrite au chapitre précédent, le jour de l'enregistrement «tombait» le jour même où je serais à Montréal pour assister à une conférence. J'ai participé à l'émission, comme prévu, avec une dizaine d'autres intervenants, tous venus là pour aborder le sujet du hasard. Je ne disposais que de cinq minutes pour expliquer un concept aussi complexe que la synchronicité.

Vers la fin des cinq minutes en question, ailleurs dans cette ville une femme eut une impulsion qui la poussa à allumer son téléviseur. Elle était justement en train de penser au mot «synchronicité» et à l'idée d'un «homme qui s'intéresse à la pensée de Jung». Mon image apparut sur l'écran de son téléviseur au moment même où j'étais en train de prononcer le mot «synchronicité». Cette femme devait devenir une amie très significative dans ma vie.

Un an plus tard, elle me téléphona pour me mettre en contact avec la responsable des projets aux Éditions de l'Homme, le jour même où, dans une période difficile, je venais de décider de vendre tous mes biens pour effectuer un long voyage en Polynésie. Ce projet s'est métamorphosé en un périple tout aussi mystérieux que l'aurait été un voyage en pays étranger: la rédaction de ce livre.

Des microprocessus symboliques comme celui-là ont souvent pour effet de donner une impulsion au projet de création, de lui donner *du vent dans les voiles*. Avec un peu de recul, nous pouvons reconnaître l'influence d'un vent qui nous a poussé dans une direction, comme une pente qui conduit à un thème important dans notre vie. Dans mon cas, alors que je me dirigeais vers une tout autre expérience, le présent ouvrage s'est imposé à moi. La vie emprunte donc parfois des routes qui orientent notre roman personnel. Cette pente aboutira souvent, grâce à des coïncidences qui nous mobilisent, à une synchronisation parfaite destinée à nous entraîner dans une direction inattendue. Nous avons toujours le choix de les suivre ou non. L'intuition est alors de mise pour détecter l'inclinaison de la pente et identifier ce flot de microprocessus symboliques qui semblent vouloir nous conduire quelque part. Il faut savoir se laisser guider, être capable de se laisser aller. Les Africains ont une belle image pour décrire notre résistance naturelle devant ce lâcher prise: «Celui qui pagaie dans le sens du courant fait rigoler les crocodiles.»

Freud, Jung et la Nekyia

L'histoire est jalonnée de ces rencontres de type symbolique. Dans la petite histoire de la psychologie, la première rencontre de Jung avec Freud, par exemple, dura 13 heures et fut très passionnée. Lors de l'une des rencontres qui ont suivi, un phénomène de synchronicité prit la forme d'un bruit qui se fit entendre très fortement. Jung sentit alors une forte compression dans sa cage thoracique et mentionna à Freud qu'une planche allait craquer violemment dans la pièce, ce qui se produisit quelques minutes plus tard. Bien sûr, Freud ignora ce phénomène, mais Jung répliqua en disant que ce bruit allait se reproduire, ce qui arriva effectivement.

Dans une perspective plus large, on peut mesurer l'importance de cette relation symbolique de nature synchronistique à la fois pour ces deux individus et pour la collectivité. C'est cette relation-là qui leur permit de lancer des idées très fécondes pour la collectivité et qui devait bouleverser complètement la vie de Jung. L'élaboration des idées centrales de la pensée de Jung à la suite de ce lien significatif s'est cependant faite dans la douleur. Un peu avant leur rupture, le célèbre psychiatre suisse rédigea le texte (ou plus spécifiquement le chapitre) «Le sacrifice» qui devait lui coûter son amitié avec Freud. On retrouve ce chapitre dans *Métamorphoses et symboles de la libido*, publié en 1912. Dans ce texte, Jung expose notamment sa vision de la libido en termes d'énergie psychique globale et quantitative plutôt que localisée et qualitative, telle que l'avait développée Freud. La rupture qui suivit fut extrêmement difficile pour Jung. Dans son autobiographie – *Ma vie: souvenirs, rêves et pensées* –, il décrit l'état dans lequel il se trouva.

> *Après la séparation d'avec Freud avait commencé pour moi une période d'incertitude intérieure, plus que cela encore, de désorientation. Je me sentais flottant, comme totalement en suspens, car je n'avais pas encore trouvé ma propre position[29].*

Confronté aux désordres et aux impulsions de l'inconscient, Jung décida de laisser surgir les images plutôt que de les combattre. Dans le torrent de ses visions, il a même failli y laisser sa peau. En effet, à la suite d'un rêve, une voix lui indiqua que s'il n'arrivait pas à interpréter ce rêve, il valait mieux qu'il se tire une balle dans la tête. Les gens de son entourage s'inquiétèrent de son état de santé, certains psychiatres de l'époque le croyaient même en proie à la démence et pensaient que Jung essayait de se soigner seul! Mais un an avant de mourir, Jung écrira:

> *Tous mes travaux, tout ce que j'ai créé sur le plan de l'esprit proviennent des imaginations et des rêves initiaux. Cela commença en 1912, voilà bientôt 50 ans. Les années durant lesquelles j'étais à l'écoute des images intérieures constituèrent l'époque la plus importante de ma vie, au cours de laquelle toutes les choses essentielles se décidèrent. Mes recherches scientifiques furent le moyen et la seule possibilité de m'arracher à ce chaos d'images[30].*

---

29. Jung, *Ma vie, souvenirs, rêves et pensées*, Paris, Gallimard, 1973, p. 198.
30. *Ibid.*, p. 224.

Cette période, qualifiée de Nekyia[31] par Jung, représentera donc sa propre expérience du chaos d'où émergera l'ensemble de son œuvre. C'est aussi durant cette période que Jung écrira l'un de ses textes les plus obscurs – *Les sept sermons aux morts* –, dans lequel on trouve les germes de l'idée d'individuation, élément central de sa théorie. Ce texte est en quelque sorte un hologramme ou une *fractalisation* de l'œuvre de Jung, c'est-à-dire qu'il contient en potentiel, la totalité de l'œuvre à venir. C'est probablement le texte de Jung le plus obscur, mais Christine Maillard, de Strasbourg, a écrit un excellent livre intitulé *Les sept sermons aux morts de Carl Gustav Jung : Du Plérome à l'Étoile*, dans lequel elle reprend ce texte en effectuant des liens très subtils avec les principaux concepts de Jung.

Ce lien avait donc une dimension profondément symbolique dans le potentiel de transformation qu'il a apporté à Jung et probablement à Freud aussi. Mais surtout, la rencontre et la crise qui ont suivi ont permis de faire avancer le savoir collectif. En somme, certaines relations que l'on pourrait qualifier de sacrificielles servent à augmenter le savoir d'une collectivité. Cependant, et par bonheur, une relation n'a pas à être nécessairement douloureuse pour produire des découvertes et faire évoluer une collectivité.

L'amitié entre Jung et Pauli

À la différence de l'amour, l'amitié est peut-être cet espace qui nous permet de nous transformer sans nous brûler complètement. Lorsque les microprocessus symboliques opèrent et nous dirigent vers un ami, la relation pourra durer plus longtemps et la transformation de soi sera alors plus douce, plus subtile. L'amitié est une combinaison des rencontres réussies, comme le décrit si bien Alberoni, ce à quoi il ajoute : «L'ami est un complice qui nous aide à nous emparer du monde[32].»

---

31. Le mot Nekyia est le titre du XIe chant de *L'Odyssée* et désigne une descente au royaume des morts.
32. Francesco Alberoni, *L'amitié*, Paris, Ramsay, 1985, p. 91.

La synchronicité est un bon exemple de concept qui s'est élaboré dans un rapport amical très fructueux. Elle s'est développée notamment pendant plus d'un quart de siècle à partir d'une rencontre entre deux génies dans leurs disciplines respectives. La rencontre de Jung avec Wolfgang Pauli, lauréat du prix Nobel de physique 1945, fut elle aussi déterminante, sans toutefois comporter le caractère flamboyant du rapport avec Freud. On sait maintenant que cette amitié s'est développée progressivement et a duré plus de 26 ans.

Lorsque Pauli rencontra Jung, le physicien traversait une période de profondes perturbations personnelles. De son côté, Pauli était porté à vivre de nombreuses synchronicités. Toute influence inexpliquée qui détraque la machinerie d'un laboratoire est d'ailleurs appelée «l'effet Pauli». Étrangement, lorsque Pauli entrait dans un laboratoire, il arrivait très souvent que les machines se dérèglent. Nous retrouvons aujourd'hui une variante de ce phénomène avec le fonctionnement des ordinateurs. Nous connaissons tous des gens qui, inconsciemment, attirent les «bugs». Souvent, en examinant le profil de ces personnes, on peut remarquer de très grandes craintes vis-à-vis des nouvelles technologies ou noter un état émotif plus ou moins instable.

La relation de Jung avec Pauli permit d'élaborer le concept de synchronicité. On peut aussi supposer que des microprocessus symboliques ont mené les deux hommes à se rencontrer à un moment déterminant de leurs carrières respectives pour l'avancement du savoir collectif.

Les synchronicités dans le rapport thérapeutique

La thérapie, en tant que processus de transformation, peut également déclencher des synchronicités. En effet, lors de moments stratégiques en thérapie, il arrive parfois que des phénomènes symboliques se produisent dans la réalité, comme celui du scarabée dans le bureau de Jung décrit au chapitre précédent. Marie-Louise von Franz rapporte notamment ce cas d'un patient psychotique qui, au paroxysme d'une crise, eut la surprise de voir éclater une ampoule, phénomène symboliquement associé au moi qui se désintègre.

Dans un article sur l'utilisation de la synchronicité en thérapie[33], le psychothérapeute Robert Hopcke cite l'exemple suivant. Un homme dans la quarantaine était aux prises avec un complexe maternel tenace et offrait une très forte résistance au traitement, qui durait depuis plus de deux ans et demi. Un jour, quelques minutes avant la séance, le quartier où avait lieu la consultation fut plongé dans le noir à la suite d'une panne de courant. Hopcke commença donc la thérapie dans la noirceur. Cette séance fut éclairante, car le client réalisa qu'il effectuait une projection de la mère négative sur le thérapeute, c'est-à-dire qu'il court-circuitait toutes les tentatives de Hopcke destinées à l'aider. Peu après avoir pris conscience de ce fait, la panne prit fin et le courant se rétablit.

Dans son livre *Le Tao de la psychologie: La synchronicité et la voie du cœur*, la psychiatre et analyste jungienne Jean Shinoda Bolen rapporte le cas d'un client misogyne qui hésitait depuis longtemps à consulter un thérapeute. Dans un moment de désespoir, il se décida à entrer en contact avec le docteur Bolen. Un ami lui avait donné ce nom, sans toutefois préciser qu'il s'agissait d'une femme. L'homme prit donc rendez-vous avec *la* psychiatre et se présenta à son bureau en croyant qu'il allait consulter *un* psychiatre.

Jean Bolen est d'origine japonaise et l'homme fut étonné et fasciné, car celle-ci lui rappelait une Japonaise dont son oncle lui avait beaucoup parlé alors qu'il était plus jeune. Il se trouvait tout à coup devant une femme qui représentait «la seule image positive de femme» qu'il avait réussi à intégrer à son expérience de vie. Cela lui permit d'établir un lien de confiance avec la psychiatre et de progresser. Par surcroît, le patient s'intéressait aussi à la pensée de Jung et souhaitait travailler avec cette approche. Il se retrouva synchronistiquement en thérapie avec la seule psychiatre jungienne japonaise de toute la Californie.

---

33. Robert Hopcke, «On the Threshold of Change: Synchronistic Events and Their Liminal Context in Analysis», *Chiron*, 1991, p. 115-132.

Le moment initial du contact avec le thérapeute et les débuts de la thérapie sont souvent porteurs de symboles qui influenceront le processus à venir. Le thérapeute peut recueillir une foule de renseignements sur l'état de la personne qui le consulte à partir du contexte initial de la thérapie : le premier téléphone, la première rencontre, le motif de la consultation, la personne qui a recommandé le thérapeute, etc. Les films et les livres qui entrent dans la vie du client au début et au cours de la thérapie pourront aussi traduire les transformations qui surviendront et devenir autant de repères synchronistiques utiles.

L'effet synchronistique n'est pas toujours du côté du client. Une intrigante synchronicité est survenue lors de ma toute première consultation en tant que psychothérapeute.

J'ai beaucoup travaillé dans des organismes communautaires durant mes études. Je peux dire que j'ai appris à devenir psychologue entre autres grâce à mon travail de bénévole, c'est-à-dire en écoutant patiemment, pendant plus de 10 ans, les confidences de personnes en détresse dans un service d'écoute téléphonique. J'ai aussi offert beaucoup de thérapies gratuites dans différents organismes, j'ai même conçu le projet de fonder un centre de thérapies gratuites pour personnes à faibles revenus. J'avais donc, au début de ma vie de thérapeute, un rapport particulier à l'égard de l'argent et de la thérapie, et je me sous-estimais probablement beaucoup.

Lors de ma toute première consultation payante, j'étais très mal à l'aise, me considérant presque comme un «voleur» si je faisais payer les gens alors que j'étais si peu expérimenté. Mais l'anecdote qui suit m'a permis de reconnaître la dimension symbolique de l'argent en thérapie et dans ma vie.

Ma première cliente, qui étonnamment avait 81 ans, venait me consulter pour régler un conflit qui évoluait autour de la gestion de son héritage. Le motif de sa consultation était donc l'argent, thème auquel j'étais particulièrement sensible. Par ailleurs, une question d'héritage avait donné lieu à un conflit dans ma propre histoire familiale et se répercutait comme un écho dans le contexte de cette première consultation.

La dame de 81 ans était en parfaite santé et pleinement lucide. Comme elle venait d'une région éloignée, soit à plus de deux heures de route, je prolongeai l'entrevue. À la fin de la séance, alors qu'elle me remettait mes premiers honoraires en tant que thérapeute, la porte de mon bureau s'ouvrit et un homme entra. Surpris, mais surtout très en colère, j'expulsai l'homme de mon bureau en lui demandant ce qui lui avait pris de m'interrompre de la sorte. L'homme m'apprit qu'il sortait de prison. Il avait besoin d'argent pour se rendre dans une autre ville. Je venais de recevoir mes premiers honoraires et voilà qu'un homme, surgissant de nulle part (évadé de prison?), voulait me les prendre! Dans le secteur où se trouve mon bureau, il y a autant de psychologues que de restos, et ce fut donc assez intrigant qu'il soit survenu là à la minute précise où je venais de recevoir de l'argent. Si j'avais fait une entrevue d'une heure comme j'ai l'habitude de le faire maintenant, je ne l'aurais probablement pas croisé. Comme je refusai de lui donner ce qu'il me demandait, ce curieux visiteur repartit aussi mystérieusement qu'il était venu…

Cette synchronicité, qui contribua à amorcer un questionnement à propos de mon rapport à l'argent en thérapie, met en scène un thème que j'aborderai dans le chapitre 7, c'est-à-dire l'archétype du *trickster*, associé à Hermès, dieu grec, guide des voyages et patron du commerce. Le *trickster* est celui qui vient perturber l'ordre établi, une forme de visiteur qui, comme dans la pièce de Schmitt, est étroitement lié à la synchronicité.

Rendez-vous

En résumé, certaines relations peuvent se produire à des moments déterminants dans notre vie et symboliser extérieurement nos états intérieurs et nos transformations. Que ce soit sous la forme de relations amoureuses, thérapeutiques, amicales, de travail ou même avec des auteurs, des films ou des musiques, l'inconscient nous convie à des rendez-vous qui nous révèlent à nous-même. Le rapport à l'autre prend ainsi une dimension fortement symbolique. Mais ce n'est pas tant l'autre que notre rapport au monde qui prend valeur de symbole.

L'apport principal de la synchronicité, et qui s'impose de plus en plus comme une nécessité dans nos sociétés rationnelles, est ce principe du sens qui peut attirer deux personnes l'une vers l'autre. Nous découvrons que les événements et les personnes se lient par des facteurs causals tout autant que par des facteurs acausals, c'est-à-dire par leur sens et leur dimension symbolique.

Les mystérieuses coïncidences qui permettent aux gens de traverser notre existence peuvent révéler les motifs rythmiques et symboliques de l'inconscient collectif. Ces motifs nous apparaissent parfois comme les mouvements d'une symphonie chaotique, mais ce sont eux, paradoxalement, qui nous font progressivement découvrir la grande unicité du monde.

CHAPITRE 3

Le rôle de la culture dans la rupture

Les vrais écrivains sont des sourciers. Des guérisseurs.
La main magnétique de celui qui écrit se pose sur le cœur nu
du lecteur, résorbe la fièvre, change le sang en eau.

CHRISTIAN BOBIN

La constitution des groupes humains
a pour racine naturelle la mise en
commun d'expériences illusoires.

DONALD W. WINNICOTT

L'île de Corfou s'était progressivement dévoilée sous mes yeux au rythme du lever du soleil. Le bateau où je prenais place avait quitté Brindisi, en Italie, la veille, et effectuait une escale à Corfou, très tôt le matin, avant de reprendre la mer vers le port du Pirée, à Athènes, où je me rendais. Nous étions alors plus d'une centaine de jeunes tortues à nous étirer sur le pont arrière du bateau, portant fièrement notre sac à dos, le visage recouvert de suie après avoir passé la nuit sous les vapeurs du moteur principal. J'avais toujours été attiré par la Grèce, et cette première escale sur cette île contrastée de la mer Adriatique fut pour moi associée aux premières images de ce pays mythique.

À ma deuxième visite à Corfou, plusieurs années plus tard, j'arrivai cette fois sur l'île avec la ferme intention d'y séjourner quelque temps. J'y débarquai un samedi, tard en soirée. Comme à l'habitude, je n'avais réservé aucune chambre d'hôtel. Mais la Grèce est comme une visite chez une grand-mère où l'on retrouve un profond sentiment de parenté et d'hospitalité avec les gens et les lieux. Un taxi me conduisit en plein centre de l'île, à Gouvia, et j'y trouvai une auberge des plus accueillantes.

La beauté naturelle de cette île grecque au charme italien m'apaisait, alors que je me remettais très lentement d'une rupture amoureuse qui prenait du temps à se cicatriser. Je profitais abondamment des mille odeurs et des multiples contrastes qu'offrait Corfou. Sur l'île, on avait accès à un mélange de verdure attrayante, de plages invitantes et de falaises terrifiantes, particulièrement les immenses falaises du Paléokristo que je fixais inlassablement durant des journées entières.

Corfou est l'île légendaire des Phéaciens décrite dans *L'Odyssée*, dernière étape d'Ulysse dans son voyage de retour vers Ithaque. C'est là qu'il y cacha la clé d'un immense trésor. Mais le trésor de Corfou fut pour moi davantage symbolique. Ce ne fut que quelques jours après mon retour, alors que je visionnais un film qui faisait étrangement écho à l'expérience que je vivais à ce moment-là, que je pris conscience de la portée symbolique de ce voyage. Le personnage principal de ce film était en dépression sévère et se rendait à Corfou pour y guérir d'une blessure d'amour. Détail intrigant, dans ce film on prétendait que les falaises du Paléokristo, celles que je fixais lors de mon passage sur l'île, pouvaient guérir de ses maux d'amour celui qui se jetait en bas !

Les motifs dans la culture

Nous avons probablement tous été réconfortés, un jour ou l'autre, par un auteur ou une œuvre qui faisait écho à une expérience pénible ou à un état dépressif. À l'adolescence par exemple, les groupes de musique fournissent des repères à la construction de l'identité. J'ai une amie qui ne pouvait imaginer son adolescence sans le groupe The Cure, qu'elle associait à la période de turbulence dans laquelle elle se trouvait. Il était en quelque sorte sa propre cure. Pour ma part, le groupe The Police a marqué mon adolescence avec le disque *Synchronicity*. Certains auteurs et certaines œuvres entrent dans notre vie à un moment critique et pour devenir les témoins synchronistiques d'une guérison ou d'une transformation. Par ailleurs, certains thèmes culturels s'imposent par leur persistance lorsque, par exemple, plusieurs personnes nous recommandent dans la même semaine de lire tel livre ou de voir tel film. Ces rencontres surviennent généralement dans des moments clés et témoignent de façon synchronistique de nos transformations.

Ce phénomène de « l'idée dans l'air », c'est l'idée, l'œuvre ou l'auteur qui influence une collectivité à un moment donné. Bien souvent, les découvertes importantes ont surgi simultanément des cerveaux de plusieurs chercheurs, chacun se trouvant à un endroit différent du globe. Comme si une idée devait s'imposer dans le bassin de la collectivité afin de servir de guide. Comme si nous ne pouvions passer à côté de cette idée qui aura une influence sur notre développement personnel autant que sur celui de la société.

Le présent chapitre traite de ce type de rencontre synchronistique avec des livres, des films et des musiques. Toutes ces facettes culturelles grâce auxquelles nous trouvons des échos dans notre vie, réussissent parfois à nous apaiser, allant dans certains cas jusqu'à recoudre et guérir de profondes blessures. La culture est cet espace de rencontre privilégié avec nous-même et avec l'autre, un lieu situé à mi-chemin entre la réalité et le rêve, sphère particulièrement sensible aux phénomènes synchronistiques. Ces rencontres avec des livres, des films, des musiques ou des œuvres d'art peuvent bouleverser et transformer notre vie tout autant que des rencontres avec des êtres en chair et en os.

Abraham Lincoln, par exemple, a vu sa vie complètement transformée par une série de livres qui ont orienté son choix de carrière. Lorsqu'il était jeune, Lincoln n'était pas très fortuné et il se destinait à une carrière manuelle plutôt qu'à une carrière intellectuelle. Mais un jour, il croisa un parfait inconnu qui transportait un baril mystérieux. L'inconnu, qui n'avait rien à manger et avait besoin d'argent, aborda Lincoln pour lui vendre son baril. Ce baril, en apparence des plus banals, n'intéressa pas Lincoln mais il offrit malgré tout son dernier dollar à l'inconnu pour que celui-ci puisse s'acheter de quoi manger. Arrivé chez lui, Lincoln ouvrit le baril pour y découvrir non sans surprise une collection complète des commentaires de Blackstone. Ces textes fondamentaux de droit furent une sorte de «synchronicité nécessaire» pour Lincoln. En effet, ces textes éveillèrent son intérêt pour cette discipline et lui permirent de s'éduquer avant de devenir président des États-Unis!

Les livres synchronistiques

Lorsque nous examinons notre vie à rebours, nous nous rendons compte que des auteurs y sont entrés à des moments décisifs. Dans le cadre de mes ateliers sur la synchronicité, je propose un exercice destiné à aider les participants à retrouver le contexte d'une rencontre avec un auteur; ils peuvent ainsi déceler des moments activés par ces rencontres. Il est alors possible de repérer l'impact synchronistique d'un auteur et d'une œuvre dans le déroulement d'une vie. Pourquoi tel auteur me fascine-t-il? À quelle période est-il entré dans ma vie? Comment a-t-il réussi à me bouleverser? Tels sont les types de questions auxquelles nous tentons de répondre dans ces ateliers.

Certains auteurs auront un impact très grand, puis leur influence s'estompera. D'autres perdureront et continueront de nous influencer bien longtemps, comme le feront les rencontres synchronistiques avec des personnes réelles.

La culture et les relations amoureuses

Les auteurs qui ont sur nous de l'influence apparaissent souvent dans le contexte d'une relation passionnée. Je questionne parfois mes clients afin de découvrir les auteurs et les œuvres qui ont surgi dans leur vie au cours d'une passion amoureuse, ou encore après le deuil qui suivit la séparation. Ils peuvent généralement déceler dans ces œuvres des échos symboliques de leurs thèmes de vie. Réjean Ducharme et Milan Kundera, par exemple, comptent pour moi parmi les auteurs les plus marquants et sont entrés spontanément dans ma vie au cours d'un lien passionné. Les thèmes qu'affectionne Kundera et l'univers fusionnel de Ducharme existaient déjà dans ma réalité.

Les œuvres et les auteurs peuvent en effet devenir les témoins et les reflets synchronistiques de ce que nous vivons à l'intérieur d'une relation. Par exemple, nous demander quelle musique jouait lorsque telle personne est entrée dans notre vie peut nous apprendre quelque chose sur notre relation. Les œuvres viennent parfois confirmer un lien en train de se créer, le cimenter. Nous tombons souvent amoureux d'une personne avec laquelle nous avons une parenté d'âme. Les livres, les musiques et les films deviennent alors les repères secrets du long et périlleux chemin de l'amour.

Ils peuvent l'être pour toute autre forme d'attachement, comme par exemple le lien d'amitié particulièrement significatif qui s'est tissé entre Jung et Richard Wilhelm autour du fascinant livre du *Yi King*.

Le livre des transformations

Cet ouvrage qui fut très important dans la vie de Jung est le plus ancien de la tradition chinoise : le livre des transformations, le *Yi King*. La rencontre de Jung avec Richard Wilhelm fut déterminante pour la connaissance et le rayonnement de cette œuvre fascinante. Richard Wilhelm est le premier Européen à avoir traduit le *Yi King* en allemand, alors qu'il était missionnaire protestant en Chine en 1899. Cet homme a réussi à métisser à merveille deux traditions qui, en apparence, pouvaient s'opposer. Il le fit sans tenter de convertir les Chinois à la religion protestante. «Ma grande satisfaction, devait-il confier non sans humour à son ami Jung, est de n'avoir jamais baptisé de Chinois[34].»

Jung rencontra Wilhelm au début de 1920, à la fin de cette période de confrontation avec l'inconscient qui avait débouché sur le conflit avec Freud. Comme si l'inconscient avait voulu mobiliser, dans l'entourage de Jung, des personnes qui allaient orienter son œuvre future. Jung travaillait déjà en parallèle sur la sagesse chinoise à une période où il n'en était qu'à ses premiers balbutiements théoriques au sujet de la synchronicité. Il avait alors besoin des traductions de Wilhelm pour continuer son travail. Il s'agit donc d'une rencontre très bien synchronisée. Les recherches de Jung sur la synchronicité ont, pour une part très importante, une relation étroite avec le *Yi King* et le taoïsme. Le Tao est d'ailleurs associé à l'idée de *sens*, de *voie à suivre*, et est au cœur de l'idée de synchronicité.

Le rapport privilégié que Jung entretenait avec Wilhelm contribua, tout autant que sa relation avec Pauli, au développement de ce concept. Peu avant la mort de Wilhelm, Jung vécut une expérience de type synchronistique qui lui donna l'impulsion de poursuivre le travail de diffusion du *Yi King* dans le monde occidental.

Quelques semaines avant sa mort, raconte-t-il dans ses Souvenirs, *alors que depuis longtemps je n'avais aucune nouvelle de lui, je fus, au moment de m'endormir, tenu éveillé par une vision. Près de mon lit, un Chinois était debout dans un vêtement bleu sombre, les mains croisées dans les manches. Il s'inclina devant moi comme s'il voulait me transmettre un message. Je savais de quoi il s'agissait. Cette vision fut remarquable par son extraordinaire netteté : non seulement je voyais toutes les petites rides du visage, mais aussi chaque fil dans le tissu de son vêtement[35].*

Il s'agissait effectivement d'une vision associée à sa relation avec Richard Wilhelm. Après cette vision, Jung participa

---

34. Jung, *Ma vie, souvenirs, rêves et pensées, Op. cit.*, p. 432.
35. *Ibid.*, p. 434-435.

activement à la diffusion du *Yi King* en signant une préface magistrale pour la version anglaise dans laquelle il apportait déjà d'intéressantes considérations théoriques sur la synchronicité.

Le mot *King* veut dire « la trame d'une étoffe, autrement dit les livres contenant des vérités qui, comme la trame, ne varient pas[36] ». Le mot *Yi*, de son côté, désigne le mot *caméléon* ou *changement*. En résumé, nous pouvons dire qu'il s'agit du répertoire des thèmes immuables de la tradition chinoise qui se transforment au contact de la conscience. Ce livre exprime l'idée suivante : le fond, la trame de la culture, ne change jamais, mais ses manifestations, elles, peuvent varier, comme l'ordre global versus un chaos local (minuscule) tel qu'il apparaît dans la formation d'un flocon de neige.

Le *Yi King* est constitué de 64 hexagrammes qui renvoient à 64 thèmes de la sagesse millénaire chinoise. Il s'agit d'un bassin d'archétypes, comme des algorithmes[37] simples qui se complexifient au fil de leurs répétitions. Il s'agit en quelque sorte d'un ADN culturel, c'est-à-dire des constantes fondamentales de l'âme humaine.

Il existe ainsi une étrange similarité entre le *Yi King* et l'informatique. Dans les deux cas, les algorithmes sont générés par des traits pleins ou vides comme des signaux binaires de type 0 et 1.

---

36. Richard Wilhelm, *Yi King, le livre des transformations*, Paris, Librairie de Médicis, 1973, p. xxix.
37. Le mot *algorithme* vient du mathématicien arabe al-Khwarizmi qui vécut au VIIIe siècle après J.-C. (il inventa aussi le mot *algèbre*). Ce terme désigne une procédure qui est répétée pour résoudre un problème donné. La répétition des algorithmes est à la base de la géométrie fractale. L'ADN, par exemple, contient en quelque sorte des algorithmes qui se répètent.

Voici quelques exemples d'hexagrammes.

—————————	——— ———	—————————
—————————	——— ———	——— ———
—————————	——— ———	—————————

1. K'ien/Le créateur   2. K'ouen/Le   64. Wei Tsi/Avant
                           réceptif   l'accomplissement

Pour avoir accès à cette sagesse, nous consultons le livre. Nous obtenons la réponse en manipulant des baguettes de bois ou en lançant des pièces de monnaie qui nous donnent alors une réponse sous la forme de l'un des 64 hexagrammes.

C'est le procédé divinatoire qui se rapproche le plus de la synchronicité parce qu'il ne cristallise pas l'avenir. Il nous donne plutôt une image de la situation actuelle et propose des voies utiles à notre développement. Bien qu'il nous soit impossible de provoquer la synchronicité, on peut tout de même la «simuler» avec le livre du *Yi King*.

Pour sa part, Jung en fit abondamment usage dans sa propre vie et, à l'occasion, dans ses consultations.

> *Il est vrai que plus tard je repris si souvent l'expérience avec mes malades que je puis m'assurer que ces concordances évidentes étaient relativement nombreuses. Comme par exemple, citons le cas d'un homme jeune qui avait un complexe maternel très marqué. Il avait l'intention de se marier et avait fait la connaissance d'une jeune fille qui lui semblait convenir. Mais il se sentait incertain et craignait, sous l'influence de son complexe maternel, d'épouser malencontreusement, une fois encore, une mère dominatrice. Je fis l'expérience avec lui, le texte de son hexagramme (le résultat) disait ceci : «La jeune fille est puissante. On ne doit pas épouser une telle jeune fille[38].»*

---

38. Jung, *Ma vie, souvenirs, rêves et pensées, Op. cit.*, p. 431.

Nous devons toutefois demeurer prudents devant certaines conclusions qui, tirées de leur contexte, peuvent sembler douteuses. Cependant, en faisant preuve de rigueur, tout comme le faisait Jung, la synchronicité et le *Yi King* peuvent nous fournir des pistes intéressantes pour dénouer les impasses de notre vie. En résumé, il s'agit d'un procédé projectif, une trame de fond sur laquelle nous pouvons projeter nos préoccupations et obtenir une réponse. Nous devons cependant nous contenter d'interpréter symboliquement cette réponse, comme nous le faisons de certains processus divinatoires.

Il n'est pas nécessaire de toujours recourir à des traditions aussi anciennes pour trouver des écrans ou des oracles capables de projeter nos interrogations. Aujourd'hui, la culture nous offre une trame fondamentale sur laquelle sont projetés nos états intérieurs : l'écran de cinéma.

« Un ami qui vous veut du bien »

Les films étant bien souvent le reflet de préoccupations collectives, il n'est pas surprenant de découvrir dans le cinéma des symboles et des archétypes universels. Il est intéressant de noter que la psychanalyse est née en même temps que le cinéma, soit au début du XXe siècle. Le cinéma est un système de mythologies qui a transformé les vieux mythes et légendes d'autrefois. Ces nouveaux mythes, comme tout mythe d'ailleurs, peuvent être interprétés en tant que rêve d'une collectivité. Ces rêves collectifs expriment d'une façon symbolique les grandes angoisses et les questionnements d'une société. Les scénaristes et les grands réalisateurs puisent au plus profond du bassin de la culture, amenant à la conscience les grands oracles de notre société. Il est donc passionnant d'observer à quel moment un film va entrer dans notre vie et avec quel matériel symbolique il nous touchera plus particulièrement. Dis-moi quel film tu aimes, je ne te dirai pas qui tu es, mais je t'aiderai à trouver…

J'ai moi-même recours à l'écran de cinéma dans mon travail thérapeutique. Le grand écran devient le lieu où sont projetées des facettes de nous-même, ainsi que des préoccupations inconscientes. Bien souvent, un film entrera dans la conscience de la personne à un moment clé de son développement personnel et, en faisant écho à des préoccupations du moment, pourra amorcer un processus de transformations. C'est précisément ce qui s'est passé dans le cas de Philippe.

Philippe, à la fin de la trentaine, vivait une vie paisible avec sa femme et ses filles. Il vint me consulter parce qu'il ressentait une profonde insatisfaction qu'il attribuait à un désir refoulé pour l'écriture. Il travaillait alors pour une importante firme informatique, sa carrière allait très bien, mais son travail et ses obligations familiales ne lui laissaient pas la possibilité d'écrire.

Quelques jours après avoir accepté une promotion pour un poste très important en Californie, il alla voir, par hasard et sans en connaître l'histoire, le film *Harry, un ami qui vous veut du bien*, de Dominik Moll. Ce film raconte l'histoire de Michel, un homme dans la trentaine, menant tout comme mon client une vie paisible avec sa femme et ses filles, mais qui a mis en veilleuse son penchant pour l'écriture.

Le film s'ouvre sur cet homme qui, en se rendant à la campagne pour rénover son chalet, s'arrête dans une halte routière. C'est dans les toilettes de cette halte routière qu'il va faire la rencontre de Harry, un ami d'adolescence oublié qui va le pousser par tous les moyens à se remettre à l'écriture. Car Michel souhaite, tout comme mon client, devenir écrivain depuis l'adolescence. Nous voyons alors Michel, visiblement affecté par la rencontre avec Harry, qui reprend la route vers une vie qu'il n'a apparemment pas choisie. Nous pressentons que Michel a un vide à combler, qui est d'ailleurs très bien symbolisé par un énorme trou en bordure de son chalet[39]. Ce trou, que nous apercevons régulièrement tout au long du film, sa femme lui demandera sans cesse de le remplir, mais il en sera incapable, du moins jusqu'à ce que Harry intervienne...

---

39. Idée suggérée par le psychanalyste Pierre Ringuette lors de l'émission *Projections* qui traitait de ce film.

Harry, l'homme qu'il a rencontré dans les toilettes, est la parfaite représentation de l'ombre, soit l'être qui va ramener à sa conscience tout ce qu'il a refoulé. À partir de cette rencontre, Harry suivra Michel comme son ombre. Harry a aussi un côté *trickster*, amoral. Il éliminera tout ce qui pourrait entraver le processus d'écriture de Michel et lui offrira les conditions idéales pour qu'il se remette à écrire. Il lui achètera une nouvelle voiture avec air climatisé, symbolisant la bouffée de fraîcheur et de renouveau dans sa vie. Harry ira même jusqu'à tuer les parents de Michel à l'insu de ce dernier.

Les parents de Michel ont, selon Harry, une attitude casse-pieds et surprotectrice à l'endroit de leur fils. De fait, ils ne respectent aucunement les désirs de Michel. Ils vont jusqu'à imposer leurs goûts dans les toilettes du chalet de Michel qu'ils ont rénovées tout en rose, ce qui ne plaît évidemment pas à Michel.

C'est justement dans ces toilettes que Michel se remettra à l'écriture en profitant, en quelque sorte, du désordre que va entraîner la mort de ses parents. Nous pouvons associer cette mort violente au symbole suivant : tuer les désirs des parents pour *se connecter* à ses propres désirs en vue d'accomplir sa vie et non celle de ses parents.

Cependant, les élans destructeurs de son ombre (Harry) mettront en danger sa famille entière. Afin de protéger sa femme et ses enfants, Michel tuera son ami Harry. Il tuera ensuite la compagne de Harry, Prune, que l'on peut associer à l'*anima* primitive, la femme-objet. Il les tuera tous les deux et remplira enfin le trou de son chalet en y enfouissant les deux corps, et cela en une seule nuit, alors que ce trou était béant depuis plusieurs années. Au réveil, nous découvrions un homme heureux, en harmonie avec lui-même et dont nous pouvons dire qu'il s'est réconcilié avec son *ombre* et son *anima* primitive.

Avec mon patient Philippe, j'ai travaillé par association avec cette synchronicité culturelle en essayant de l'aider à approfondir le sens de ces personnages symboliques. Grâce à cette méthode, il en est arrivé à se rapprocher davantage de son désir d'écrire. Le *timing* d'entrée de l'œuvre tout comme le contenu symbolique contribuèrent à la transformation de Philippe. Il prit conscience à quel point les désirs de ses parents avaient tenu une grande place dans sa vie, tout comme c'était le cas avec le personnage de Michel. Il se rappela aussi que ses parents lui avaient toujours dit : « Si tu pars en voyage, tu vas nous tuer. » Philippe devait donc, pour couper le lien parental, tuer « symboliquement » ses parents en acceptant un poste à l'étranger. Ce qu'il fit. « Le geste créateur est d'abord un geste qui rompt », écrit le psychanalyste et artiste Pierre Ringuette dans un essai sur le processus créateur et la notion d'interstice[40]. Philippe a donc dû, pour retrouver ses propres désirs, accomplir des gestes concrets et libérer un espace pour faire place à la créativité.

Par ailleurs, Philippe abordait l'écriture de la même manière qu'il s'adonnait à ses autres activités, c'est-à-dire sous l'angle du perfectionnisme et du « programme ». Le trou dont Phillipe devait s'occuper représentait la libération d'un espace de créativité et de jeu, qui irait à l'encontre de l'idée qu'il se faisait du travail : une corvée et une obligation. C'est ainsi que nous avons examiné les manifestations de l'ombre et de l'anima primitive de Philippe qui lui « imposaient » des ordres et leurs rigidités inconscientes.

Le thème du déplacement évoqué par le symbole de la voiture étouffante du début du film se répercutait dans la vie de Philippe. Il faisait régulièrement des rêves dans lesquels apparaissaient des voitures ou des moyens de transport qui le conduisaient là où il ne voulait pas aller, et il étouffait à l'intérieur de ces véhicules. Par ailleurs, Philippe se rappela un rêve d'enfance dans lequel il voyageait dans un autobus qui n'allait pas dans la « bonne direction » ; il sentait qu'il devait quitter ce moyen de transport pour se rendre réellement là où il voulait se rendre.

On peut supposer que le *timing* du visionnement du film et son contenu symbolique ont pu avoir un effet sur le processus de transformation dont Philippe a pu profiter. La thérapie a simplement éclairé les mobiles secrets qu'avait

---

40. Pierre Ringuette, *Quelques effleurements*, Mémoire présenté à la faculté des Études Supérieures de l'Université Laval, p. 24.

soulevés le film. Le moment où Philippe a vu le film, peu avant son départ pour la Californie, a pu contribuer à amorcer les transformations qu'il a effectuées dans sa vie pour actualiser son désir d'écrire et entreprendre un voyage libérateur.

Une pluie de grenouilles

Plusieurs personnes m'ont parlé, dans un bref intervalle, du film *Magnolia* du jeune et très prometteur Paul Thomas Anderson. Ce film aborde sous un angle très original le thème des coïncidences. Il n'y a rien de synchronistique dans le fait que ces personnes m'aient parlé de ce film, puisque j'effectue des recherches dans ce domaine et que tous mes amis le savent. Cependant, le jour où j'ai vu le film *Magnolia* peut contenir un caractère synchronistique. Je suis en effet allé voir ce film le jour où, sans que je le sache encore, la première version du présent ouvrage était refusée. Mon manuscrit était refusé notamment parce qu'il *allait dans tous les sens*. Cette première version était, de fait, extrêmement chaotique. Si vous êtes en train de lire ce livre, c'est que j'ai réussi, avec l'aide de plusieurs personnes, à en faire un chaos créatif et ordonné (il m'aura fallu quatre versions pour y arriver). Mais à l'étape de la première version, le livre aurait très bien pu rester lettre morte.

J'ai trouvé à ce moment-là, dans *Magnolia*, un reflet et une forme d'inspiration qui ont contribué à confirmer ma persévérance dans le si laborieux processus de rédaction. Dans ce film, les événements et les personnages prennent beaucoup de temps avant de se lier les uns aux autres. En apparence, ils n'ont rien en commun, tout comme les idées contenues dans mon livre au début. Mais plus le film progresse, plus la toile se tisse et prend forme. Ce film se déploie et devient une fresque où chacun trouve sa place. Un peu comme une multitude de points, en apparence chaotiques, arrivent à créer l'image fractale d'une fougère ou encore, pour faire un rapprochement avec le film, comme une fleur de magnolia.

J'ai conçu mon livre de cette façon, soit en lançant une multitude d'idées sur mon écran et en observant progressivement des courants et des directions se former. C'est un procédé que j'utilisais déjà dans la composition musicale, en lançant une multitude de notes et en tentant de repérer des schémas et des mélodies dans leur désordre apparent. N'est-ce pas un peu ce qui caractérise le principe acausal de synchronicité que des liens sans cause, sans logique, puissent aboutir à un dénouement aussi imprévisible qu'une pluie de grenouilles, une pièce de musique, un livre ou une merveilleuse fleur de magnolia «qui fleurit d'ailleurs avant l'apparition de ses feuilles, comme un miracle du printemps[41] ».

Les coïncidences abondent dans ce film et elles sont de plusieurs types, mais celle qui illustre le mieux la synchronicité est une pluie de grenouilles qui survient à un moment où tous les personnages sont dans une impasse. Cette averse de grenouilles illustre la synchronicité en devenant un point de jonction entre tous les personnages. Mais le plus important est qu'elle traduit un changement, une transformation qui survient à la suite d'une impasse. Elle symbolise l'intervention d'un niveau supérieur qui s'adresse à un niveau inférieur. Elle traduit le fait que: «Lorsque plus rien n'est possible, seul l'impossible peut survenir[42]. »

Les grenouilles sont associées aux forces chtoniennes[43] de régénération. Dans la Chine ancienne, on imitait les grenouilles afin «d'appeler» la pluie. On les représentait aussi sur les tambours de bronze parce qu'elles rappellent le tonnerre et appellent la pluie. La pluie, de son côté, est associée à la régénération. Une pluie de grenouilles est donc une pluie régénératrice qui annonce qu'un nouvel ordre va s'établir. Le chant des grenouilles est interprété dans plusieurs traditions comme le signal du réveil de la nature.

---

41. Citation de Pierre Ringuette tirée de l'émission *Projections* sur le film *Magnolia*.
42. Autre citation de Pierre Ringuette tirée de l'émission *Projections* sur le film *Magnolia*.
43. Forces chaotiques souterraines (tiré du *Dictionnaire des symboles*).

Dans ce film, les personnages vont justement opérer dans un autre registre après cet événement, qui est d'ailleurs précédé par une touchante chanson d'Aimee Mann[44] fredonnée alors par tous les personnages.

Une synchronicité dans notre vie, c'est un peu comme une pluie de grenouilles symbolique. Nous sommes devant une impasse, nous avons l'impression que rien n'est possible, nous lâchons prise, et survient cet ensemble de coïncidences, cette intervention de l'inconnu. Les événements s'enchaînent alors dans une curieuse logique, une logique du sens qui nous apparaît parfois farfelue et invraisemblable. On dit souvent, en parlant d'un film, que semblable invraisemblance «est arrangée avec le gars des vues». Mais lorsque la synchronicité survient réellement dans notre vie, nous sommes dépassés et cherchons effectivement ce «gars des vues» qui habite peut-être quelque part dans l'inconscient...

Synchronicité et Félix Leclerc

À l'instar du cinéma, la musique peut elle aussi donner naissance à d'étonnantes synchronicités. Dans un article paru dans la revue *Psychologies* de septembre 1999, le journaliste Erik Pigani rapportait une intrigante synchronicité dans le domaine musical.

Lise, auteur de chansons, raconte une expérience particulièrement significative. Alors qu'elle était encore étudiante, elle décide d'investir toutes ses économies pour ouvrir un bar à chansons à Québec. Pour l'inauguration, elle aimerait faire venir des journalistes, mais tous lui répondent qu'elle doit créer un événement en faisant parrainer son bar par une personnalité. Le chanteur Félix Leclerc, par exemple. Alors, elle cherche à contacter celui-ci, en vain. «C'était terrible. J'avais vraiment besoin de sa présence pour l'ouverture, raconte Lise. Sans lui, pas de presse. Mais je ne me suis pas découragée, j'ai eu confiance en la vie, sachant qu'elle apporte souvent des réponses à nos besoins fondamentaux.» Le soir même, la jeune femme éprouve l'envie de faire un tour

---

44. La pièce en question s'intitule «Wise up».

en voiture. Pourtant, c'est l'hiver, il fait nuit et froid. Elle roule donc. Tout à coup, devant elle, une voiture fait une embardée et se fiche dans un banc de neige. Lise s'arrête, le conducteur sort de son véhicule... Évidemment, il s'agissait de Félix Leclerc! *Quinze jours plus tard, le chanteur faisait l'ouverture du bar de Lise.*

Les quatre éléments de la définition de la synchronicité typique se dégagent bien de cet exemple. Le désir de Lise d'ouvrir un bar et le fait qu'elle songe à Félix Leclerc sont deux faits subjectifs. Ces faits subjectifs coïncident par le sens avec un événement objectif, soit la rencontre réelle avec le poète et musicien. La forte réaction émotionnelle suscitée par la rencontre contribua alors à mettre en place la dimension de transformation : la création réelle du bar. Tous ces événements se produisirent dans une période d'impasse et gravitèrent autour d'un climat chaotique et perturbant, à savoir l'accident de voiture.

Le temps d'Alexandre

Parmi les plus grandes cassures, la mort est souvent le condensateur d'événements synchronistiques par excellence. Il est très fréquent de retrouver des coïncidences chargées de sens autour de la mort. Dans l'exemple qui suit, la mort et le deuxième mouvement de la Septième Symphonie de Beethoven sont associés d'une façon très particulière.

Alexandre était un garçon atteint d'une maladie de naissance extrêmement rare, le syndrome de Wiskott–Aldrich. Il s'agit d'une maladie d'origine génétique qui n'affecte que les enfants mâles et se manifeste par un taux de plaquettes sanguines très réduit, un eczéma sévère et, le plus important, une déficience du système immunitaire qui exposait le petit Alexandre à toutes les infections possibles.

Habituellement, les enfants atteints de cette maladie doivent vivre complètement isolés du monde extérieur et n'ont une espérance de vie que de quatre ans. Mais Alexandre vécut sans avoir besoin d'être isolé en profitant au maximum des connaissances culturelles de son père, l'écrivain, poète et juriste Robert Jasmin. La culture est peut-être ce qui a permis à Alexandre de vivre plus longtemps. Son père crut, avec raison, que l'immersion dans le vaste bassin de la culture, jumelé à un traitement médical, pouvait permettre à Alexandre de vivre plus longtemps. Nous trouvons, comme le dit l'ethnologue Jean Duberger, «des médicaments pour le corps dans la brousse, et, dans la culture, des médicaments pour l'âme». De fait, Alexandre vécut jusqu'à l'âge de 13 ans!

Dans ce cas-ci, la synchronicité se manifesta, comme cela arrive souvent, en période de transition. La synchronicité se fraya un passage à travers la douleur provoquée par la mort d'Alexandre. Elle prit le visage de la répétition du motif du deuxième mouvement de la Septième Symphonie de Beethoven. Déjà, à l'âge de six ans, Alexandre était tombé sous le charme de cette pièce. À 12 ans, il mentionnait que s'il devait n'emporter qu'une seule chose sur une île déserte, il emporterait cette symphonie. À 13 ans, soit quelques semaines avant sa mort, il apprit que l'orchestre symphonique de Québec allait jouer «sa symphonie». Il faisait sienne cette pièce qui fut autrefois utilisée comme marche funèbre. Il l'apprit avec surprise lors de ce concert. Quelques semaines seulement après «son» concert, Alexandre, celui pour qui *la musique était de la couleur mise sur le silence*[45], s'éteignit.

Dans les jours et les mois qui ont suivi, le thème du deuxième mouvement de la Septième Symphonie vint hanter la vie de son père. Outre les nombreuses coïncidences qui le mirent en contact avec ce mouvement tout au long de son deuil, il y eut un incident particulièrement synchronistique concernant cette pièce.

Un jour, alors que le père revenait de son travail, il entendit à la radio, soit au moment précis où il passait devant le cimetière où reposait Alexandre, une conversation qui le stupéfia. Il était question d'un metteur en scène qui préparait une pièce de théâtre dans laquelle évoluaient les deux personnages suivants: un homme sourd qui s'était fait poser une prothèse et son fils qui voulait lui faire entendre ses premières notes de musique. La voiture

---

45. Robert Jasmin, *Le temps d'Alexandre*, Québec, Éditions Papyrus, 1989.

du père d'Alexandre roulait encore devant le cimetière lorsqu'il entendit le metteur en scène mentionner qu'il avait choisi comme première pièce le deuxième mouvement de la Septième Symphonie de Beethoven pour «ouvrir les oreilles» de l'homme sourd. Nul besoin de spécifier dans quel état se trouvait le père d'Alexandre, encore en train d'essayer de se guérir de cette perte douloureuse.

Il entreprit d'approfondir le sens de cette synchronicité. S'imposa alors l'impulsion de continuer «symboliquement» la symphonie d'Alexandre, car une symphonie comprend plusieurs mouvements et ne s'arrête pas au deuxième. Il interpréta cette synchronicité comme le mouvement de la vie qui l'amenait à perpétuer le souvenir d'Alexandre. L'homme sourd, c'était lui, et cette impulsion signifiante devint *Le Temps d'Alexandre*, une histoire touchante qui donne au tragique un intrigant sentiment de beauté. Depuis l'écriture de ce livre, la vie de Robert Jasmin a pris une tournure inattendue. Cette synchronicité lui a permis «d'ouvrir les oreilles» sur cette symphonie associée initialement à la mort, symphonie qui a pu se poursuivre dans le camp de la vie, au-delà du deuxième mouvement.

La culture de l'âme

Les artistes sont, comme le suggère Christian Bobin, des sourciers ou des guérisseurs qui nous indiquent le chemin pour parvenir à des veines d'eau, et cela en toute synchronicité. Ils captent ce qui est dans l'air dans le moment présent et le communiquent au monde par le biais de la culture. Nous puisons dans leurs œuvres littéraires, théâtrales, cinématographiques, musicales, picturales et autres (sculpture, danse, etc.) des modèles ou des inspirations qui font écho à notre vie à des moments décisifs.

Le moment d'entrée d'une œuvre dans une vie, encore plus que notre simple attention sélective, c'est-à-dire le fait de remarquer quelque chose qui correspond à notre désir du moment, devient le facteur synchronistique. L'attention sélective et notre subjectivité ne sont pas suffisantes pour expliquer comment cette œuvre a été posée là, à ce moment précis de notre histoire personnelle et collective, mais surtout elle n'explique pas que cette œuvre soit associée à une transformation dans notre vie.

La critique principale faite à l'égard de la synchronicité est justement ce recours à notre attention sélective, soit notre désir de trouver des signes là où il n'y en a pas. Les critiques les plus endurcis voient dans le sens d'un événement syn-chronistique une création uniquement subjective de la per-sonne. N'y aurait-il pas là une exagération d'une vision purement individualiste et rationnelle de la réalité? Comme si nous étions les seuls et uniques responsables de cette dimension de sens qui caractérise la synchronicité. Bien sûr, tout comme l'interprétation d'un symbole dans un rêve, il y a une part de subjectivité dans notre interprétation des symboles synchronistiques. Mais qu'est-ce qui porte la col-lectivité à «rêver» de tel thème ou de tel autre à un moment critique de son développement? Qu'est-ce qui contribue à déposer l'œuvre dans le bassin culturel à ce moment pré-cis? Quel *timing* collectif contribue à ce phénomène?

Comme si le rêve individuel ne suffisait pas à porter un thème à notre conscience, un message de l'inconscient col-lectif atterrit alors à notre porte, dans le champ du réel, à un moment pivot de notre vie, en se servant d'une œuvre et en nous incitant à bien l'entendre et à nous mouvoir dans une direction.

La force d'un artiste consisterait sans doute à puiser à même les racines du savoir collectif afin de faire germer symboliquement des fleurs capables d'apaiser les grandes déchirures de notre âme. Comme le disait Jung: «Pour que nos feuilles puissent atteindre le ciel, nos racines doivent descendre jusqu'aux enfers»; nous pourrions dire l'enfer du chaos. L'artiste est alors celui qui se tient au centre, au cœur du chaos…

CHAPITRE 4

Le chaos de l'acausalité

*Il faut qu'il y ait d'abord chaos en soi-même
pour accoucher d'une étoile qui danse.*

NIETZSCHE

*La science naît du jour où des erreurs,
des échecs, des surprises désagréables
nous poussent à regarder le réel de plus près.*

RENÉ THOM

*L'imprévisible et le prédéterminé se conjuguent pour créer
les choses comme elles sont. C'est comme ça que la nature
s'invente, du plus petit flocon à la tempête de neige.*

TOM STOPPARD, *Arcadia*

Je me trouvais dans l'aire d'embarquement de l'aéroport de Dorval, à Montréal, d'où je devais prendre l'avion pour San Francisco. Lorsque le temps de monter à bord de l'avion arriva, j'étais en train de jouer à un jeu vidéo avec mon ordinateur portatif. J'étais tellement absorbé par ce jeu que je n'ai même pas entendu les messages répétitifs annonçant les départs. Le jeu, appelé Tetris, consistait à aligner parfaitement des formes géométriques qui descendent doucement sur un écran. Il a fallu la chute d'un enfant près de moi pour me sortir du jeu et me faire éteindre mon baladeur. C'est alors que j'ai entendu la voix d'un employé de la compagnie d'aviation qui répétait désespérément mon nom dans toute l'aire d'embarquement pour m'ordonner de me rendre immédiatement dans l'avion. Ce jour-là, j'ai mobilisé un avion entier, perturbé des centaines d'horaires, transformé une foule de minutes précieuses en pertes financières à cause d'un simple jeu. J'imagine la tête des hommes d'affaires pressés s'ils avaient appris que l'individu qui courait s'asseoir dans l'avion à ce moment-là venait de leur faire perdre un temps précieux à cause d'une banale partie de Tetris. Nos vies sont ainsi liées les unes aux autres par des détails souvent insignifiants qui perturberont à jamais le cours des événements.

Lorsque j'arrivai en Californie, un vent glacial soufflait sur la région. Quelques papillons s'étaient peut-être agités à Montréal pour que souffle ce vent frais jusqu'à Berkeley, où j'étais hébergé. Je participais alors au neuvième congrès sur l'application de la théorie du chaos en psychologie et en sciences humaines qu'organisait la Society for Chaos Theory in Psychology and Life Science. Cet organisme multidisciplinaire accueille chaque année une poignée de physiciens, de médecins, de biologistes, de psychologues, de psychiatres, de mathématiciens, d'artistes et d'économistes pour discuter, avec la plus grande ouverture d'esprit, de leurs recherches sur le thème du chaos.

J'ai fréquenté ce groupe de chercheurs pendant quatre ans, et c'est à partir d'idées puisées là-bas que ma compréhension de la synchronicité s'est enrichie. Mais étant conscient des périls encourus lorsqu'on s'aventure dans une autre culture disciplinaire, je ferai ces transpositions dans une perspective exploratoire et de façon métaphorique.

Malheureusement, la métaphore n'a généralement pas bonne presse en science, comme en témoigne le livre *Impostures intellectuelles*. Sokal et Bricmont, les auteurs, condamnent vigoureusement la tendance actuelle des sciences humaines à intégrer des métaphores tirées des disciplines dures. Je crois pour ma part que nous devons faire preuve d'ouverture d'esprit et explorer le plus d'avenues possible en vue de faire avancer notre compréhension de la synchronicité. Selon moi, la métaphore constitue une étape essentielle parmi les percées théoriques actuelles de la science exacte. Bien que Jung se soit inspiré avec Pauli de la physique de son temps, rappelons brièvement que ni l'un ni l'autre n'ont pu terminer l'élaboration du concept de synchronicité, probablement le concept le plus audacieux du psychiatre suisse. On peut attribuer ce fait à l'étroitesse d'esprit de l'époque et peut-être aussi à la domination de l'esprit cartésien. Les certitudes énoncées par les esprits cartésiens ont heureusement été relativisées aujourd'hui par les nouvelles sciences, dont la théorie du chaos. Mais Jung n'a malheureusement pas pu connaître cette théorie, puisque *l'effet papillon*[46] voyait le jour l'année même de sa mort, soit en 1961.

Ce métissage entre la théorie du chaos et la psychologie s'inscrit en réaction au racisme théorique et disciplinaire qui peut exister en sciences. Ce métissage générera, je l'espère, des hypothèses de travail fécondes en regard de la complexe question de la synchronicité.

Changement de paradigme

La synchronicité implique un changement important de notre conception du monde. Elle suggère l'idée que nous vivons dans un monde où tout est lié et, par surcroît, un monde où les événements peuvent se lier par le sens, soit un principe d'agencement sans cause. Ce principe d'acausalité proposé par Jung et Pauli pour expliquer la synchronicité, et qui s'impose en complémentarité avec la causalité, échappe au modèle scientifique traditionnel où la causalité règne en maître.

La causalité nous a toutefois permis de prédire une foule de phénomènes de façon très précise, notamment le

---

46. Référence à la métaphore de l'effet papillon expliquant le phénomène imprévisible de la météo. *Le battement d'aile d'un papillon, aujourd'hui à Pékin, engendre dans l'air des remous qui peuvent se transformer en tempête le mois prochain à New York.* James Gleick, *La théorie du chaos*, Paris, Flammarion, 1989, p. 24.

mouvement des planètes, la chute des corps, la prévision du passage des comètes.

Dans une perspective déterministe et mécanique où les causes sont proportionnelles aux effets, nous pouvons prédire le passage d'une comète plusieurs centaines d'années avant sa venue. On est cependant incapable de prédire de façon précise s'il pleuvra sur un jardin d'ici quelques jours. Dans un tel système, où les parties sont intimement liées, la négligence d'un petit détail comme le battement d'aile d'un papillon rend impossible la prédiction exacte. L'effet d'un battement d'aile prend de l'importance avec le passage du temps et devient rapidement disproportionné par rapport à son influence initiale. La causalité telle que nous la connaissons et qui fonctionne bien pour la prévision du passage des comètes est inadéquate lorsqu'il s'agit d'aborder fidèlement la réalité de la complexité des phénomènes comme la météo, la Bourse, les destinées humaines ou la synchronicité. Pour appliquer à la lettre la causalité à ces phénomènes, il faudrait décomposer toutes les variables en cause et tenir compte de leurs effets amplifiés. Ce qui deviendrait dans le cas de la météo une entreprise vertigineuse; il faudrait en effet tenir compte, dans nos calculs prédictifs, de tous ces battements d'ailes de papillons, du mouvement de tous les avions, de tous les déplacements à la surface de la planète, etc.

On a pourtant recours à la causalité dans presque toutes les sphères de notre existence. Elle nous rassure, mais nous en abusons parfois: «C'est à cause de mon enfance si... C'est à cause de toi si...», etc. Le mot *accuser* vient d'ailleurs d'un dérivatif de cause: accuser, c'est chercher la cause à l'extérieur de nous-même en nous lavant les mains de notre influence possible sur une situation. Une représentation du monde où la causalité domine est alors une vision mécanique d'un monde où ses composantes doivent être démontées et isolées pour être étudiées.

Comme le souligne Fritjof Capra dans l'ouvrage le plus complet de vulgarisation de la nouvelle science, *The Web of Life*[47], la réalité ne serait pas constituée de parties décom-

---

47. Fritjof Capra, *The Web of Life*, New York, First Anchor Books Editions, 1996, p. 30.

posables, mais de *patterns* qui se lient ensemble à des niveaux et des degrés différents. Pour étudier fidèlement la réalité de la complexité, nous devons aborder le monde en termes de probabilité et de modalités de liaisons entre les parties qui composent le monde davantage qu'avec la perspective de phénomènes séparés qui pourraient se décomposer. Les récentes découvertes en mécanique quantique vont d'ailleurs dans ce sens en nous montrant comment la matière, en ce qui a trait aux particules, perd sa structure solide et présente un vaste réseau d'interrelations. Les particules élémentaires n'ont alors aucun sens lorsqu'on essaie de les étudier individuellement et qu'on tente d'en extraire des propriétés causales. Avec de telles découvertes, la causalité est grandement relativisée. Le lien avec les événements et les causes devient ainsi une forme parmi d'autres de liaisons entre les parties qui composent ce monde. En adoptant les perspectives de la nouvelle science, le principe d'acausalité, soit la liaison des événements par le sens, peut être envisagé. Comme nous l'avons vu avec le paradoxe EPR dans le chapitre premier, la mécanique quantique a démontré qu'à l'échelle quantique, l'effet peut précéder la cause et des particules peuvent être liées même si elles sont séparées de plusieurs kilomètres.

Ce changement de paradigme a une conséquence très importante : nous devons renoncer à certaines certitudes qui nous faisaient miroiter l'illusion de pouvoir maîtriser le monde totalement. Des certitudes qui, au temps de Newton, étaient particulièrement utopiques. Le physicien anglais mentionnait que si nous pouvions connaître la position de chaque atome, nous pourrions prédire le futur. Nous découvrons aujourd'hui que cette aspiration est pratiquement irréalisable. L'univers se réorganise constamment en formant des systèmes qui se lient d'une manière ou d'une autre. Cet univers est en majeure partie imprévisible, créatif et chaotique.

Les nouvelles perspectives des papillons

C'est dans les années soixante, à partir des travaux d'Edward Lorenz sur les prévisions météorologiques avec l'aide d'un ordinateur, que l'effet papillon fut découvert. Lorenz se rendit compte que la moindre négligence de quelques décimales dans le calcul de ses prévisions météorologiques avait des effets énormes après de nombreuses répétitions. Et comme tant de découvertes importantes en sciences, celle-ci se produisit « par hasard ».

> *Un jour de l'hiver 1961, désirant examiner une de ces séquences sur une plus grande période, Lorenz prit un raccourci. Au lieu de reprendre au début l'exécution de son programme, il commença à mi-chemin. (…) Quand il revint une heure plus tard, il vit quelque chose d'inattendu, quelque chose qui allait engendrer une nouvelle science[48].*

En fait, cette nouvelle exécution du programme, dans une perspective causale habituelle, aurait dû reproduire exactement le même résultat. Mais Lorenz découvrit que dans un système complexe, le fait de couper quelques décimales pouvait engendrer des conséquences imprévisibles à long terme, d'où la métaphore de *l'effet papillon*. L'effet papillon est aujourd'hui connu scientifiquement sous le terme de *dépendance sensitive d'un système aux conditions initiales* et il caractérise cette forme de système complexe. Cette découverte a permis de comprendre comment certains systèmes demeurent extrêmement sensibles aux conditions initiales, ce qui complexifie et rend impossible la prédiction exacte de leurs comportements à long terme.

Mais cet apparent chaos n'est pas aléatoire et il aurait des lois et des formes. C'est avec l'élaboration de la géométrie fractale que des *patterns* d'organisation dans le chaos de ces systèmes ont été découverts. C'est en observant à une infinité d'occasions et à grande échelle le comportement de ces systèmes complexes que des *patterns* sont apparus. L'observation globale révélait une source d'organisation invisible aux aspects locaux de l'observation. La théorie du chaos nous permet maintenant d'étudier et d'explorer ce monde fascinant qu'est la complexité.

---

48. James Gleick, *La théorie du chaos*, Paris, Flammarion, 1989, p. 33.

Une complexité simple

L'objet d'étude privilégié de la théorie du chaos est la complexité. Mais qu'est-ce que la complexité? Le mot complexe vient du latin *complexio* qui veut dire *assemblage*. Ce mot est très près de la signification d'embrasser, de contenir. La complexité désigne la très grande unicité de la nature et le fait que tout est relié selon des niveaux, des hiérarchies. La complexité ne peut pas se décomposer pour être étudiée, à la différence d'un phénomène qualifié de *compliqué* qui peut, lui, être démonté. Un système mécanique *compliqué*, comme une voiture, peut très bien se démonter et on peut ainsi le réparer. Il n'en va pas de même avec le fonctionnement des systèmes météorologiques ou avec l'âme humaine, par exemple.

Pour trouver ces *patterns* dans la complexité, la théorie du chaos a recours à la modélisation informatique. La modélisation permet d'observer un système complexe en mouvement. C'est grâce au développement des ordinateurs de plus en plus puissants que l'on peut étudier la complexité. L'étude de la complexité nous a révélé quelque chose de fondamental et de passionnant: *la complexité n'a besoin que de quelques variables simples pour émerger.* D'ailleurs, n'importe quel ordinateur, que ce soit celui qui permet de jouer au Tetris ou celui qui contrôle les mouvements de la navette spatiale pour sa rentrée dans l'atmosphère, est avant tout constitué de séquences et de bits de types 0 et 1 qui se répètent de nombreuses fois. La répétition de formules simples appelées *algorithmes* est à la base de l'informatique, de la complexité, tout comme elle est à la base de la vie. Par exemple, chaque être humain est issu d'une seule cellule qui s'est complexifiée avec le temps pour produire la personne que nous sommes aujourd'hui.

La théorie du chaos est intimement liée au développement des ordinateurs. L'ordinateur est un outil extrêmement puissant dans la modélisation et la compréhension de la complexité. L'être humain s'est doté d'un microscope pour étudier l'infiniment petit et d'un télescope pour observer l'infiniment grand, et il se sert maintenant d'un ordinateur pour observer l'infiniment complexe.

Les premières images du chaos : les fractales

Une fractale est une tentative de symboliser l'ordre qui émerge du chaos. Il s'agit d'une forme géométrique qui possède une invariance d'échelle, c'est-à-dire que l'on peut retrouver la totalité de sa forme peu importe à quelle échelle on observe la figure. Elle illustre le fait que les phénomènes de la vie se répètent continuellement à des niveaux différents.

Le mot *fractale* a été forgé par Benoît Mandelbrot alors qu'il était mathématicien au département de recherche de IBM.

> *Un après-midi de l'hiver 1975, conscient de l'émergence de courants parallèles en physique, et travaillant à la rédaction de son premier grand livre, il décida qu'il lui fallait trouver un nom à ses formes, ses dimensions, et sa géométrie. Son fils était rentré de l'école, et Mandelbrot feuilletait par hasard son dictionnaire de latin. Il tomba sur l'adjectif* fractus, *du verbe* frangere, briser. *La résonance entre deux termes voisins dans l'anglais primitif –* fracture *et* fraction *– semblait appropriée. Mandelbrot forgea le mot (nom et adjectif, anglais et français)* fractal[49].

Une fractale se réalise par la répétition de formules mathématiques simples (algorithmes) dont le résultat est reporté sur un graphique. Ce processus appelé *itération* qui s'effectue des milliers de fois, n'a été rendu possible qu'avec l'aide des ordinateurs. Pour Mandelbrot, il s'agit d'une géométrie qui est davantage fidèle aux formes de la nature : « Le sentiment de beauté réside dans l'arrangement de l'ordre et du désordre tel qu'on le rencontre dans les objets naturels[50] » La géométrie fractale permet de représenter les formes de la nature d'une façon plus « réelle » que la géométrie euclidienne traditionnelle.

---

49. James Gleick, *Op. cit.*, p. 131. Plus tard, il adopta *fractale* (féminin) pour le substantif français et *fractale/fractal* pour l'adjectif féminin/masculin. La plupart des scientifiques se sont ralliés à cette terminologie.
50. *Ibid.*

Exemple d'une forme fractale naturelle. En effectuant un agrandissement, nous arrivons toujours à retrouver le motif initial.

LE JEU DU CHAOS. Pour créer la forme d'une fougère sur un ordinateur, un simple algorithme mathématique est répété des milliers de fois. Il est impossible de prédire l'endroit exact où le prochain point apparaîtra sur l'écran. Et pourtant, ce flux lumineux reste toujours cantonné à l'intérieur des limites nécessaires pour dessiner peu à peu l'image d'une fougère. Toute l'information essentielle à la formation de l'image se trouve enco-dée dans quelques règles simples. (Fractales réalisées avec le programme Winfract.)

Répétition et vie humaine

La répétition est la base de la vie. Nos vies individuelles et collectives sont aussi constituées de motifs qui se répètent. Il n'est donc pas étonnant de voir ce principe fractal teinter notre vie. Comme l'écrit Christian Bobin: «La mort, comme la vie, a ses ritournelles, ses saisons et ses croissances». Ce qui arrive à un individu à un moment de sa vie se répercutera en écho à un autre niveau dans un moment ultérieur. Ce qui arrive à un individu dans une culture donnée fera écho à un autre individu dans une autre culture, etc. Ces expériences répétitives, qui contribuent notamment à former les complexes et les archétypes, sont à la base de notre psychisme. Ils sont un peu comme des algorithmes qui sont répétés au fil de notre histoire personnelle et collective. En se répétant, ils peuvent se transformer grâce à la conscience, tout en gardant leur essence, telle une fractale.

Prendre conscience des répétitions mécaniques de ces motifs primordiaux et leur attribuer un sens est un peu comme induire le chaos dans le processus répétitif de la vie: la conscience est alors une forme de chaos qui permet de déjouer le déterminisme et peut faire émerger la créativité. Comme l'illustre de façon humoristique Tom Stoppard, dans la pièce de théâtre *Arcadia*, l'attraction sexuelle échappera toujours à la loi de l'attraction terrestre de Newton...

Les attracteurs étranges: les motifs créatifs dans le chaos

Le terme attracteur est utilisé en mathématiques et en physique pour illustrer le *pattern* qui se dégage d'un système. Nous apercevons l'attracteur d'un système lorsque nous inscrivons sur un graphique son comportement général et ses changements. Nous découvrons alors que le système répète un *pattern*. Autrement dit, le système est «attiré» vers un modèle de comportement.

Le *pattern* qui se dégage d'un phénomène mécanique, comme par exemple le mouvement d'un pendule, est en général assez simple. Étant assujetti à la friction, le pendule tendra vers un point imaginaire situé au centre d'une surface et finira inévitablement par s'arrêter sur ce point. Dans l'exemple du pendule, l'attracteur qui décrit sa dynamique est très simple et prend la forme d'un attracteur fixe. Le comportement des systèmes mécaniques, comme par exemple un pendule, est beaucoup plus facile à illustrer et de fait, plus facilement prévisible.

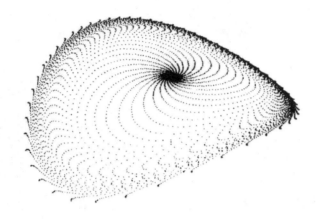

Image d'un attracteur fixe. (Reproduit avec la permission de Julian C. Sprott.)

En physique, il existe trois formes d'attracteurs. En plus de l'attracteur fixe, il y a l'attracteur limite qui illustre le comportement d'un pendule qui oscille sans fin. La dynamique des systèmes mécaniques s'observe par ces deux types d'attracteurs et les modèles de comportement sont plus faciles à localiser. Mais dans le cas des systèmes complexes non linéaires comme la météo, l'économie ou même l'écoulement d'une rivière, la dynamique de ces systèmes et ses *patterns* sont plus complexes et plus difficiles à visualiser et à prédire, car ces systèmes sont ouverts et échangent continuellement de l'énergie avec le milieu environnant. Ce n'est que tout récemment que l'on a pu observer des *patterns* dans les systèmes complexes qui autrefois nous apparaissaient totalement imprévisibles. L'attracteur qui modéliserait le comportement d'un système complexe comme une rivière par exemple, est un attracteur fractal plus communément appelé *l'attracteur étrange.*

Image d'un attracteur étrange. (Reproduit avec la permission de Julian C. Sprott).

L'attracteur étrange constitue le motif favori des chaoticiens. C'est un type particulier de fractale qui apparaît lorsque le comportement d'un système complexe est modélisé sur un ordinateur. En modélisant la dynamique complexe d'un système météorologique sur un ordinateur, par exemple, on y découvre un *pattern* subtil qui décrit le fonctionnement général de ce système. L'attracteur étrange suggère que la nature, même si elle est très complexe, subit des contraintes, comme si le désordre se trouvait canalisé à l'intérieur de motifs tous construits sur un même modèle sous-jacent. Aux dires de Gleick[51] : «L'attracteur étrange vit dans l'espace des phases, l'une des inventions les plus fécondes de la science moderne.» L'espace des phases est ce qui permet de transformer des nombres en images, de dégager l'essentiel de l'information de ce système en mouvements et de dresser graphiquement la carte de toutes ses possibilités. L'espace des phases est un espace créé artificiellement, par exemple sur un ordinateur, pour modéliser le comportement d'un système complexe et observer comment il évolue dans le temps.

---

51. James Gleick, *Op. cit.*

« Sur le plan théorique, l'attracteur étrange permettait d'exprimer mathématiquement les nouvelles propriétés fondamentales du chaos. La dépendance sensitive aux conditions initiales était l'une de ces propriétés[52]. »

L'attracteur étrange nous permet d'observer les frontières qui délimitent les comportements apparemment imprévisibles des systèmes complexes. Il permet de cantonner le chaos à l'intérieur de certaines limites. Il nous indique qu'à large échelle, un ordre observable émerge, mais que dans le local, c'est un apparent chaos. Un apparent chaos qui s'observe par exemple par des points sur l'écran qui forment progressivement la fougère, ou par les perturbations atmosphériques qui produisent des flocons de neige invariablement composés de six pointes mais avec des variations aléatoires en leur centre. C'est aussi l'exemple des tourbillons qui apparaissent dans une rivière. La rivière nous semble toujours la

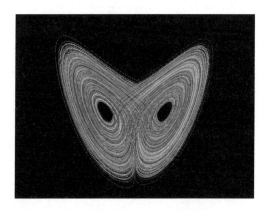

Image en deux dimensions d'un attracteur étrange créé avec le programme Winfract. L'attracteur étrange illustre graphiquement les directions par lesquelles le système est le plus susceptible de passer. L'attracteur étrange, en alternant entre les répétitions et la nouveauté, est donc au cœur de la métaphore du flocon de neige qui illustre la synchronicité et qui désigne à merveille cette danse du hasard et du déterminisme caractérisant notre vie et la complexité. La vie apparaît alors comme un heureux mélange de chaos et d'ordre, un mélange qui permet la créativité et la souplesse.

---

52. James Gleick, *Op. cit.*

même mais elle est soumise à des changements continuels. L'attracteur étrange nous permet de comprendre comment une forme, dans la nature, peut être répétée tout en présentant des variations créatives.

Attracteur et battements cardiaques

L'application concrète de cette notion se retrouve dans le battement cardiaque. L'attracteur étrange nous permet maintenant de mieux comprendre le fonctionnement du cœur. On a longtemps cru qu'un battement de cœur mécanique et très régulier était synonyme de santé. Or, les chaoticiens ont découvert que dans le battement cardiaque, comme dans bien des systèmes physiologiques, trop de régularité entraîne la maladie et bien souvent la mort. Les recherches de Ary L. Goldberger, professeur à la faculté de médecine de l'Université Harvard et codirecteur du laboratoire des arythmies cardiaques à l'hôpital Beth Israel de Boston, ont démontré qu'un cœur en santé dénote des irrégularités subtiles qui peuvent être illustrées graphiquement par l'attracteur étrange. Depuis cette découverte, on a pu venir en aide aux cardiaques de façon concrète en induisant de subtiles variations chaotiques dans les stimulateurs cardiaques[53].

Voici, à la page suivante, les dessins des rythmes cardiaques de deux individus. Le premier, qui montre un attracteur étrange, est représentatif de la dynamique d'un battement cardiaque normal. Il montre une ouverture associée à des variations chaotiques. Le deuxième correspond à la dynamique du battement d'un cœur malade. Le rythme est davantage mécanique, s'observant par la forme d'un attracteur fixe.

---

53. Michael Bütz, *Chaos and Complexity: Implications for Psychological Theory and Practice*, New York, Taylor and Francis, 1997, p. 75–76 ; Briggs John et David Peat, *Seven Life Lessons of Chaos*, New York, Harper Collins Publisher, 2000, p. 65.

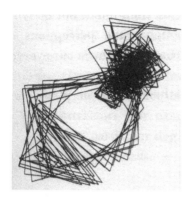 

Attracteur étrange. (Reproduit
avec l'autorisation du
Dr Ary L. Goldberger.)

Attracteur fixe.
La personne est décédée
d'une crise cardiaque huit
jours après cette mesure.
(Reproduit avec
l'autorisation du
Dr Ary L. Goldberger.)

Ce principe des attracteurs semble très prometteur pour la compréhension de la plupart des systèmes biologiques. Il apparaît aussi prometteur pour la compréhension de l'évolution de la personnalité humaine. Celle-ci se construirait progressivement en un principe de variations créatif comme la synchronicité qui régularise le sens de notre vie. La synchronicité impose une forme à notre vie tout en gardant un jeu de hasards, un peu à la façon de ces attracteurs étranges.

Différence semblable

Dans le cas des rencontres interpersonnelles, la métaphore des attracteurs illustre cette alternance entre répéter mécaniquement les rencontres avec les personnes du même type ou s'ouvrir à des personnes différentes. D'une part, nous oscillons entre notre désir d'être rassurés en attirant des personnes qui nous rappellent notre histoire. D'autre part, nous sommes fascinés par des inconnus qui nous ouvrent au monde et font évoluer notre personnalité. L'équilibre fixe et la rigidité sont maintenus par des gens aux goûts similaires. Mais l'ouverture et l'évolution passent par la découverte de l'inconnu. Naturellement, l'espèce humaine génère des variations créatives pour permettre une plus large adaptation. Dans une perspective évolutionniste, les forces de l'inconscient collectif poussent l'individu à se rapprocher de personnes qui vont l'aider à faire des découvertes. Deux mouvements s'opposent alors. Nous pouvons attirer une personne qui nous maintient dans le connu, ce que nous faisons inconsciemment par la répétition de ce que je nomme dans le cas d'un couple les «patternaires», soit ces gens qui épousent à merveille la répétition inconsciente de nos complexes. Cette répétition des «patternaires» nous ramène dans le connu parfois stérile de notre histoire en témoignant d'un surplus d'ordre, une trop grande rigidité, tel un battement de cœur trop régulier qui amène l'organisme à s'atrophier. L'autre mouvement se manifeste notamment dans les rencontres ayant le potentiel de faire évoluer notre personnalité de façon créative, comme dans le cas des rencontres synchronistiques.

La métaphore des attracteurs peut également s'appliquer lorsqu'une relation dure depuis de nombreuses années. La relation amoureuse, par exemple, caractérisée par une grande créativité à ses débuts, tend, avec le passage du temps, à reproduire des *patterns* rigides. Le couple finit alors par tourner autour d'attracteurs fixes. C'est pourquoi les variations chaotiques si souvent redoutées dans le rapport à l'autre sont nécessaires. Ces perturbations chaotiques sont comme ces petites variations dans le muscle du cœur qui permettent, tout comme dans le cœur amoureux, de le faire battre plus longtemps.

Attracteurs étranges et synchronicité

Nous avons utilisé le terme d'*attracteur étrange* pour parler de ces *patterns* qui émergent dans l'apparent hasard de la complexité. Dans une synchronicité, les événements entrent en résonance les uns avec les autres autour de ce que nous pourrions appeler un *attracteur de sens*. Les personnes, les livres, les lieux, nos pensées et nos émotions nous orientent vers un passage inévitable. Les hasards prennent ainsi la forme de cet attracteur qui nous dirige vers un détour nécessaire.

Ces *attracteurs de sens*, que l'on peut associer aux archétypes, prennent racine dans les répétitions de la vie et dans le répertoire des grands thèmes de ce vaste réseau de l'expérience humaine qu'est l'inconscient collectif. Les *attracteurs de sens* seraient comme des vortex ou des tourbillons qui se forment et nous imposent une direction à un moment critique. Ils sont imprévisibles, ils se répètent et ils sont continuellement en mouvement, comme les nuages dans le ciel ou les remous d'une rivière. Ils permettent à une vie apparemment répétitive de mettre en œuvre la créativité tout en perpétuant la forme unique de notre destinée.

Une signature dans le sable

Tout au long de notre vie, nous cherchons notre route, «notre légende personnelle», pour reprendre les mots de l'auteur de *L'alchimiste*[54]. «Le bonheur, c'est de réaliser sa forme», disaient aussi les Grecs. Ce que nous apprennent les nouvelles sciences de la complexité avec cette idée d'attracteur, c'est que des forces de régulation sont à l'œuvre pour permettre à un organisme de «trouver son chemin». Dans notre cas, il s'agit de trouver le sens de notre vie et de faire émerger notre identité profonde. Puisque nous sommes ouverts sur l'environnement et que nous échangeons continuellement de l'information, nous sommes nous-même une sorte d'attracteur étrange qui se répète et se crée tout à la fois. Nous avons une identité qui se crée et maintient sa forme dans un mouvement perpétuel tout comme une rivière qui nous apparaît semblable et immobile est toujours différente et en mouvement.

Notre personnalité se réorganise et se transforme continuellement au contact de l'autre. Nous pouvons d'ailleurs avoir une impression assez juste en examinant son entourage et ses fréquentations. L'entourage apparaît en quelque sorte comme le reflet extérieur de ce qui se trouve à l'intérieur de la personnalité. Notre forme, notre «signature propre» émerge dans le frottement à l'autre. La métaphore selon

---

54. Paulo Coelho, *L'alchimiste*, Paris, J'ai lu, 1999.

laquelle une forme est créée par la vibration d'un archet est intéressante à ce sujet. En effet, lorsque l'on glisse un archet sur une surface plane recouverte de sable, la vibration qui s'ensuit agit sur le sable, y creusant une forme quelconque. Le sable révélera un ordre sous-jacent, une signature émergera qui épouse les vibrations de l'archet. Transposée en image, une rencontre synchronistique nous apparaît comme un vif coup d'archet de l'âme permettant de faire résonner au grand jour notre véritable identité.

Le chaos créateur

Comme le souligne Michel Cazenave dans son livre *La syn-chronicité, l'âme et la science*[55], Jung considérait que la synchro-nicité était un acte de création spontané. Nous pourrions ajouter *un ordre créatif issu du chaos*. Car force est de constater que malgré le désordre croissant dans l'univers[56], de nouvel-les formes émergent continuellement de façon spontanée. Cette vision créatrice du chaos n'est pas nouvelle. Le chaos a été associé, dans la plupart des traditions cosmologiques, à la source de toute chose et au potentiel créateur. En Occi-dent, le mot «chaos» apparaît probablement pour la pre-mière fois dans *La théogonie*, d'Hésiode, vers le VIIIᵉ siècle avant J.-C.: «Au début, tout n'était que chaos, rien que du vide, matière informe et espace infini.» Hésiode place dans le chaos les racines profondes de toute chose.

Étymologiquement, le mot *chaos* se rattache à un verbe grec qui signifie «béer, bâiller, être ouvert, s'ouvrir». Il s'agit d'une ouverture, d'une disposition à la nouveauté, comme ce qui se produit lors d'une synchronicité. C'est lorsque la nature tend à «s'endormir» ou à se rigidifier que surviendront des «bâillements» chaotiques.

La synchronicité survient à des instants critiques, tout comme l'ordre émerge du chaos à des phases spécifiques. Selon les chaoticiens, la nouveauté et la créativité naissent

---

55. Michel Cazenave, *La synchronicité, l'âme et la science*, Paris, Albin Michel, 1995, p. 63.
56. C'est la deuxième loi de la thermodynamique, soit l'entropie crois-sante.

lors de ces instants critiques, quelque part entre l'ordre et le chaos, à la frontière du chaos. Une métaphore nous permet de comprendre ce fait. En imaginant les événements d'une vie s'accumuler à la manière de grains de sable, à un moment critique, l'ajout d'un seul grain de sable peut avoir une influence globale tout comme un événement apparemment banal peut marquer notre vie profondément. Dans cet exemple, les grains de sable ont un comportement indépendant lors de l'écoulement, tout comme certains événements de notre vie nous apparaissent sans signification. Mais arrivé à un point critique, un seul grain de sable peut provoquer des avalanches qui auront un impact sur l'ensemble de la structure. Ce modèle développé par le physicien norvégien Per Bak[57] a permis de comprendre bien des catastrophes dans le monde, dont les tremblements de terre. Pour cet auteur, l'instabilité et les catastrophes sont des caractéristiques inévitables et nécessaires au maintien de la vie.

Cette métaphore peut aider à comprendre l'émergence du changement. Concrètement, c'est ce qui survient dans le processus thérapeutique lorsque de nombreuses interventions s'accumulent pour tenter d'amorcer un changement et que survient un événement banal en apparence ; le plus souvent, il fait basculer le processus. Nous pouvons travailler très fort pour créer un changement, mais celui-ci ne surviendra que lors de ces instants critiques de la vie. Prenons l'exemple du scarabée et de Jung qui avait tenté, longtemps avant l'apparition de l'insecte, d'aider sa patiente. Il a fallu un instant critique, en l'occurrence le rêve du scarabée jumelé à l'apparition du scarabée, pour que le changement survienne spontanément.

Une phase de chaos constitue bien souvent le point critique de l'apparition créative de symboles qui induit les transformations comme dans la synchronicité. Pensons à notre jeune femme qui voulait ouvrir un bar, mais qui s'en sentait incapable. Le point critique a été l'accident de voiture de Félix

---

57. Per Bak, *Quand la nature s'organise : Avalanches, tremblements de terre et autres cataclysmes*, Paris, Flammarion, 1999.

Leclerc qui lui a permis de concrétiser son rêve. Étrangement, c'est cet accident qui a occasionné un ordre nouveau.

Les structures dissipatives : l'ordre émerge du chaos

Comment l'ordre peut-il émerger du chaos? Naturellement, la nature tend vers le désordre, c'est le principe de la deuxième loi de la thermodynamique, soit l'entropie croissante. Mais curieusement, à partir de ce désordre, de nouvelles formes émergent continuellement.

Ilya Prigogine, le lauréat du prix Nobel de chimie 1977, a élaboré un autre modèle similaire à «la pile de sable» de Per Bak pour comprendre comment l'ordre émerge du chaos avec son concept de structures dissipatives. Les structures dissipatives sont des structures qui maintiennent leur organisation grâce à leur ouverture sur l'environnement. La découverte fondamentale des structures dissipatives est que la matière peut s'auto-organiser spontanément lorsque les parties entrent en interaction. Dans les systèmes humains, la circulation automobile est un bon exemple d'une structure dissipative. La conduite simple sur une route de campagne laisse toute la liberté au conducteur. Mais lorsque survient un embouteillage, l'automobile se retrouve dans un système plus grand qu'elle et devient intimement liée au tout, soit le flux de circulation.

De la même façon, nous prenons conscience que nous évoluons dans un système plus grand que nous lorsque survient une étonnante coïncidence qui semble faire écho à un ordre de sens qui nous dépasse et qui tente de réorganiser notre vie en suivant de mystérieux corridors.

Synchronicité et auto-organisation

Pour que le chaos soit créateur, il doit s'inscrire dans un réseau d'interactions. La science du chaos est intimement liée à l'étude des réseaux et des comportements collectifs dans un réseau complexe. Pour comprendre comment le réseau devient créateur, il faut décrire sa composante «autocatalytique». Ce mot, dérivé de *catalyse*, signifie «qui provoque une accélération en facilitant une réaction ou une transformation donnée».

Un réseau autocatalytique désigne simplement l'aptitude d'un système à développer des raccourcis créatifs pour évoluer, comme s'il disposait d'attracteurs étranges lui facilitant le chemin. Le réseau de neurones dans le cerveau est autocatalytique, car il se réorganise constamment au moyen de neurones qui seront «facilitants». Dans le paradigme de la science du chaos, on a découvert que la dynamique d'un réseau est la même à différentes échelles pour plusieurs phénomènes. On peut donc comprendre la dynamique d'un réseau de neurones, d'un réseau de fourmis ou d'un réseau d'êtres humains de la même façon. L'idée de base repose sur le fait que la dynamique créatrice générée par le mouvement collectif permet aux parties individuelles de s'organiser par elles-mêmes, ce que les chaoticiens appellent communément «l'auto-organisation». Ainsi, en s'organisant sous forme de réseaux, des neurones facilitent la réaction d'autres neurones, des fourmis facilitent l'organisation de la fourmilière, comme des humains qui facilitent le développement personnel et collectif.

Le bon *timing*

Pour que le chaos soit créateur, l'intervention du niveau global doit se faire dans un parfait synchronisme. William Sulis, psychiatre et mathématicien de l'Université McMaster, à Toronto, étudie l'intelligence collective et les dynamiques archétypiques depuis de nombreuses années. Il a proposé le terme de *saliency* pour décrire ce parfait *timing* qui intervient dans un réseau. Dans un symposium sur la synchronicité, lors du congrès de la Society for Chaos Theory in Psychology and Life Sciences, à Philadelphie, en 2000, il a soutenu que l'information qui donne la commande d'un changement n'est pas suffisante pour créer la nouveauté dans un réseau complexe, mais le *timing* par lequel l'information est transmise pour générer ce changement l'est davantage. Cette aptitude au *timing*, c'est-à-dire cette capacité de s'auto-organiser spontanément, devient possible lorsque des parties sont mises ensemble de façon dynamique. Un organisme complexe qui fait preuve de *saliency* est un organisme qui s'auto-organise spontanément par l'action synchronisée du comportement global sur le comportement individuel, comme on le retrouve par exemple dans une volée d'oies.

Si nous observons une volée d'oies, nous pouvons remarquer qu'elles commencent par battre des ailes de façon aléatoire et individuelle avant de se synchroniser progressivement pour former un groupe qui va s'orienter dans l'espace. Pour optimiser leur performance, les oies s'auto-organisent en équipes. En adoptant la forme du V, par exemple, les oies peuvent accroître de 71 % la performance qu'elles auraient si elles volaient seules. Chaque battement d'aile d'une oie donne une poussée à celle qui la suit, ce qui permet aux oies de queue de se reposer. Mais le plus important est qu'elles sentent instinctivement à quel moment elles doivent se déplacer vers la tête de la volée. Une impulsion de la totalité pousse une des oies vers la pointe du V, une position individuelle particulièrement inconfortable parce qu'elle est exposée aux grands vents. Dans une volée d'oies, l'impulsion de se rendre à la tête ne sera jamais contestée par l'oiseau, toutes les oies sachant qu'elles doivent se remplacer les unes les autres pour se reposer. L'être humain qui reçoit une impulsion de la totalité agira parfois de façon différente de l'oie. Selon le généticien et philosophe Albert Jacquard, l'homme est quelquefois «un génie individuel, mais un idiot collectif». L'homme peut en effet refuser l'impulsion synchronistique capable d'amorcer un mouvement quelconque dans sa vie lorsque ce mouvement lui apparaît trop… chaotique.

Ce parfait synchronisme est aussi présent dans les réseaux de neurones et dans les colonies d'insectes. Les recherches de William Sulis suggèrent comment «le sens», en tant qu'impulsion de la totalité, est avant tout une question de *timing* dans l'auto-organisation d'un réseau d'interactions. Ce principe se rapproche de l'idée d'un sens qui s'impose dans une synchronicité.

Lorsque des parties s'organisent dans un réseau, l'ordre peut émerger spontanément et former des attracteurs qui délimitent les possibles et facilitent l'orientation et l'évolution du réseau dans une direction, un sens précis. Cette émergence d'ordre et du sens qui s'apparente à l'acausalité est alors tributaire du bon *timing* du réseau.

Nous retrouvons aussi ce principe d'auto-organisation dans le mouvement des spermatozoïdes au moment de la fécondation. Lors de leur long périple, soit à peu près l'équivalent de six kilomètres à la nage pour un être humain, ils formeront des équipes, certains se placeront de manière à faciliter le passage à d'autres qui seront plus aptes à atteindre le but. Ils s'organiseront ensemble pour atteindre une destination, un sens commun : la création de la vie. Il est difficile d'expliquer comment ils communiquent entre eux mais, chose certaine, ils font preuve d'une très grande auto-organisation, obéissant à un ordre global qui les pousse dans un sens, en toute collaboration.

Déjà Jung[58] avait eu l'idée de ce principe auto-organisateur en désignant le *Soi*, l'archétype du sens, comme étant le principe invisible qui organise l'inconscient collectif un peu à la façon d'une colonie de termites. Jung avait observé que les termites, tout comme les fourmis lorsqu'elles sont en collectivité, obéissent à un ordre qui leur est supérieur. Le Soi pourrait donc, par le biais de l'inconscient collectif, influencer acausalement l'individualité lors de synchronicités en vue de nous orienter dans une direction précise.

Le temps symbolique : *kairos*

Chez les Grecs, le bon *timing* était associé à la notion de *kairos* qui traduit le temps adéquat pour faire les choses, le temps qui « tombe bien ». Être en *kairos* veut dire être bien synchronisé par rapport à la totalité. Le *kairos* désigne la qualité du temps, soit la reconnaissance du moment propice pour agir.

Le *kairos*, tout comme la synchronicité, est lié à l'intuition du « temps juste », celui que nous sentons approprié pour nous orienter et agir. L'individu doit en arriver à percevoir ce temps intuitif plutôt que d'être submergé par le temps calculé typique d'une société qui lui impose un rythme

---

58. Carl Gustav Jung et Wolfgang Pauli, *W. Pauli/C.G. Jung Correspondance 1932-1958*, Paris, Bibliothèque Albin Michel Sciences, 2000. p. 34.

«anti-*kairos*». Le *kairos* est une invitation à contacter nos propres rythmes internes qui sont intimement liés aux rythmes collectifs. Le *kairos* nous renvoie aussi au temps sacré que nous avons pour faire les choses et qui nous permet de dégager un espace d'action et d'inaction. Mais il nous renvoie surtout à l'idée que nous faisons partie d'un vaste réseau et que le moment approprié à la poursuite de notre vie dépend bien souvent de l'intervention d'un niveau supérieur d'organisation.

Ordre global et impulsion collective

Être sensible à la synchronicité, c'est être capable de sentir cette force du sens, être capable de saisir le moment idéal pour agir, saisir le *carpe diem* provenant de cet ordre global. Les rencontres gravitent souvent autour de ce *timing* et c'est l'intuition qui nous pousse à l'action et à l'adaptation. Nous sommes attirés vers certaines personnes, certains lieux et certaines situations alors que nous sommes régis par une impulsion de l'inconscient collectif, par quelque chose qui nous dépasse. Nous ne pouvons expliquer certains de nos choix sinon par l'étrange attraction du sens qu'elle suscite dans notre récit de vie.

Lorsque nous remontons dans le temps et que nous examinons le nombre de petits détails qui ont permis à nos parents ou nos arrière-grands-parents de faire connaissance, nous sommes profondément mystifiés. «Nous sommes les gagnants du possible», disait l'écrivain Antonine Maillet en conférence. De la même façon, les chances que vous soyez en train de lire ce livre sont en réalité très minces lorsque nous ne considérons que les lois de probabilités régissant l'apparition de la vie. Pourtant, vous tenez ce livre entre vos mains et êtes capables d'en saisir un sens, du moins je l'espère!

D'une façon plus générale, en observant les hasards et les synchronisations qui ont été nécessaires dans le grand livre de la nature pour aboutir au personnage principal qu'est l'être humain, nous pouvons supposer que quelque chose qui s'apparente à la synchronicité a apporté sa contribution. C'est notamment ce que propose Hansueli F. Etter dans son article intitulé «L'évolution en tant que continu synchronistique[59]». En y regardant de près, la probabilité d'apparition de la vie sur Terre est aussi mince que la probabilité d'une synchronicité. Par conséquent, la complexité collective, dans ses vastes interrelations, opérerait parfois synchronistiquement en vue de permettre l'émergence de nouvelles formes dans la nature.

Rappelons simplement que la précision des synchronisations qui auraient été nécessaires à l'apparition de l'homme sur Terre équivaudrait au tir d'une flèche d'un mètre sur Mars à partir de la Terre et dont la cible serait atteinte. Pour les disciples zen[60], la seule façon d'atteindre une cible, c'est de ne pas la viser…

L'acausalité revisitée : les liens par le sens

Le lien par le sens (l'acausalité) est donc au cœur de la synchronicité et s'impose de plus en plus dans nos nouvelles conceptions du monde complexe pour compléter la causalité. Il est parfois difficile de le détacher d'une conception anthropomorphique, mais la conception liée à l'impulsion de la totalité que nous apportent les nouvelles sciences de la complexité permet d'élargir sa portée.

Nous devons une bonne partie de l'emphase du lien par le sens, non pas à Jung mais au physicien Pauli. Ce dernier mentionnait à Jung, dans une de ses lettres, les références de Schopenhauer à ce sujet qui, déjà avant Jung, parlait des hasards liés par le sens[61]. Le philosophe émettait l'hypothèse d'une nécessité derrière le hasard qui revêt pour nous la forme d'un pouvoir liant toutes les choses. Il compare les chaînes causales à des méridiens allant dans le sens du

59. Hansueli Etter, *L'évolution en tant que continu synchronistique* cité dans Michel Cazenave, *La synchronicité, l'âme et la science, Op. cit.*

60. Herrigel, «Le Zen dans l'art chevaleresque du tir à l'arc» dans Ausloos, Guy, *Compétence des familles : Temps, chaos et processus*, Paris, Erès, 1995.

61. Jung–Pauli, *Correspondance, Op. cit.* p. 67. L'article de Schopenhauer que suggère Pauli à Jung est «Spéculation transcendante sur l'intentionnalité apparente dans le destin de l'individu».

temps et les événements simultanés à des cercles concentriques. Nous sommes donc enchaînés au sol par le passé, mais nous sommes attirés vers le ciel par l'acausalité et les nécessités collectives de la grande histoire que nous vivons. La science lie les événements par leurs causes en ligne droite, alors que l'art rassemble les événements par le sens de façon circulaire. Selon Pauli, la science à l'époque de Schopenhauer était toujours imprégnée du déterminisme classique, mais il gardait espoir qu'avec les nouvelles découvertes concernant les particules, la science s'ouvrirait de plus en plus à cette possibilité du sens comme facteur ordonnant. Cette intuition bien actuelle venant d'un lauréat du prix Nobel de physique a quelque chose de rassurant en ce qui a trait à la validité d'un concept comme la synchronicité.

Des motifs sur le tapis

À Fès, au Maroc, certaines femmes s'inspirent d'une longue tradition familiale et racontent l'histoire de leurs ancêtres sur les motifs des tapis qu'elles confectionnent. Certaines de ces femmes, qui ne savent ni lire ni écrire, peuvent toutefois raconter de très belles histoires en tissant divers motifs sur de remarquables tapis aux couleurs multiples. Nous marchons tous sur un immense tapis offrant au regard des motifs tissés par l'âme du monde. Nous pouvons nous entêter à croire que ces motifs, qui émergent spontanément, ne sont que les déformations aléatoires d'un tapis, soit des petites erreurs dans le filage de la réalité. En ignorant ces motifs, nous nous privons d'une source importante d'information sur notre histoire passée et notre avenir possible.

Les nouvelles perspectives du chaos et de la complexité nous font découvrir que certains de ces motifs ont un sens, une direction provenant d'un niveau supérieur d'organisation. Un niveau qui agit continuellement sur nous et dont nous prenons conscience lors de ces mystérieuses coïncidences chargées de sens que sont les synchronicités.

CHAPITRE 5

De la complexité collective
au complexe personnel

Tout le monde nous affecte ; c'est ça l'affectif.

RÉJEAN DUCHARME

Les mots sont comme des nœuds
et le cosmos est tissé comme un vêtement.

HERMES TRISMÉGISTE

U n jour, en marchant sur la plage de Wicklow en Irlande, lieu où débarqua pour la première fois saint Patrick, le patron des Irlandais, j'ai trouvé une magnifique pierre verte sur le sable. Sa couleur me rappelait les vastes prairies irlandaises que je parcourais inlassablement et j'imaginais naïvement que cette petite pierre avait peut-être été témoin du passage du saint. Cette pierre aux reflets variés avait sûrement été modelée par les vagues torrentueuses de la mer d'Irlande et prenait ainsi une valeur mythique à mes yeux. Mais peu après ce voyage, j'ai fait la rencontre d'une personne qui modifia radicalement ma perception de ce *bijou précieux* que je croyais avoir découvert. Cette pierre n'était en réalité que l'éclat de verre d'une vulgaire bouteille de boisson gazeuse!

Tout comme ce morceau de verre poli et repoli par la mer, la construction de notre identité est un long processus modelé par les vagues du temps et de l'inconscient. Le moi, centre de notre identité consciente, est une frêle construction devant ces forces. Lorsque le moi se prend pour un navire insubmersible, de grands bouleversements peuvent survenir et le secouer brutalement. La collision avec un iceberg ou, plus subtilement, le passage d'une autre embarcation, peut créer de la turbulence et nous forcer à modifier la perception que nous avons de nous-même et du monde. Ces perturbations permettent la plupart du temps à notre identité de se développer et contribuent à l'élaboration d'une personnalité solide et créative. Ces petits traumatismes imprévisibles entrent dans notre vie un peu à la façon d'un grain de sable dans un coquillage. Progressivement entouré de la nacre, cet intrus indésirable pourra se transformer avec le long passage du temps en une perle étincelante.

Le traumatisme de la réalité

Les perturbations qui contribuent à former l'identité donnent naissance aux complexes. Un complexe se forme à la suite d'une expérience traumatique et nous imposera une rigidité dans notre rapport au monde. L'émotion causée par un traumatisme s'inscrit profondément dans l'inconscient et crée un nœud thématique qui influencera notre existence. Le nœud thématique le plus important causé par le choc de la naissance, c'est notre identité, c'est-à-dire le complexe du moi. Car le moi, qui constitue la personnalité d'un être humain, est aussi un complexe. Il est le plus autonome et le plus différencié des complexes, mais il est surtout une cristallisation thématique de notre vision du monde et de nous-même. Il ne sera donc pas étonnant de voir que, malgré les traumatismes douloureux qui en sont la cause, les complexes nous caractérisent. D'une certaine façon, nous sommes constitués de l'ensemble de nos cassures et nous percevons le monde par ces fissures.

Par exemple, une personne que l'on a abandonnée très jeune développera une sensibilité particulière à l'abandon, ce qui pourra dans certains cas la conduire bien malgré elle à attirer des gens qui vont encore l'abandonner. La blessure et le vide créés par cet abandon prendront alors une grande importance thématique dans le roman de sa vie. Cette personne attirera des gens qui répondront à cette construction du monde et d'elle-même qu'elle s'est forgée. La sensibilité affective entourant son complexe l'entraînera à percevoir l'abandon de façon tragique. Ce complexe pourra dominer son moi d'une manière quasi permanente. Pour mieux comprendre comment une personne aux prises avec un complexe perçoit le monde, examinons la première partie du conte d'Andersen, *La reine des neiges.*

Le miroir cassé et ses milliards de morceaux

Le conte illustre à merveille les deux éléments fondamentaux d'un complexe, à savoir cette cassure traumatique qui conditionne notre sensibilité affective et la vision particulièrement déformée de nous–même et du monde extérieur qui en résulte.

> *Un jour, le diable était de bien bonne humeur: il venait de confectionner un miroir, qui avait une merveilleuse propriété: le beau et le bien qui s'y réfléchissaient disparaissaient presque entièrement; tout ce qui était mauvais ou déplaisant ressortait au contraire et prenait des proportions excessives. Les plus admirables paysages, par ce moyen, ressemblaient à des épinards cuits, les hommes les meilleurs et les plus honnêtes paraissaient des monstres, les plus beaux semblaient contrefaits: on les voyait la tête en bas; ils n'avaient presque plus de corps, tant ils étaient amincis; les visages étaient contournés, grimaçants, méconnaissables; la plus petite tache de rousseur devenait énorme et couvrait le nez et les joues. (…) Un jour, ce miroir tomba sur la terre et se brisa en des milliards de milliards de morceaux. Ses débris n'étaient pas plus gros que des grains de sable. Le vent les éparpilla*

à travers le vaste monde. Bien des gens reçurent de cette funeste poussière dans les yeux. Une fois là, elle y restait, et les gens voyaient tout en mal, tout en laid et tout à l'envers[62].

Ce conte illustre bien le fait que nous n'avons jamais accès à la réalité telle qu'elle est. Elle passe toujours par nos manques, notre façon de voir, nos complexes. Ces derniers filtrent la réalité, un peu comme les poussières du miroir cassé de ce diable qui, de bonne humeur, s'amusait à embêter les humains.

Des motifs qui nous motivent

Nous avons vu dans le chapitre précédent que certains programmes informatiques ont pour fonction de modéliser des réalités à partir d'algorithmes simples. Chacun de nous modélise aussi la réalité à partir de ses propres algorithmes de vie que sont les complexes. On peut donc affirmer que les complexes sont ces motifs répétitifs qui composent notre vie émotive. Ils influencent et orientent notre existence. Tant qu'ils ne seront pas rendus conscients, ils se répéteront mécaniquement et se projetteront sur l'écran du monde, à la façon d'un programme informatique.

Comme nous n'avons jamais directement accès à nos complexes, ces motifs inconscients sont projetés à l'extérieur de nous. Nous retrouvons leurs traces lorsque nous percevons leurs échos dans le réel par la forte charge émotionnelle qu'ils déploient. Ce qui nous touchera affectivement chez une personne est très lié à ce qui nous touche personnellement. L'autre personne devient une sorte d'écran sur lequel nous projetons nos complexes.

Par exemple, nous pouvons en apprendre beaucoup sur l'identité de quelqu'un à partir de ce qu'il critique et des jugements qu'il porte sur autrui. Une personne qui a une forte réaction de mépris à l'endroit des artistes, par exemple, cache peut-être elle-même beaucoup de mépris à l'égard de cette facette de sa personnalité.

---

62. Hans Christian Andersen, *Contes*, Paris, Flammarion, 1970, p. 119.

Le complexe de Véronique

Tant qu'ils sont inconscients, nos complexes se répètent de façon mécanique et dominent notre vie. Par exemple, la personne aux prises avec un complexe d'infériorité intellectuelle aura beau détenir tous les diplômes du monde, elle doutera continuellement de sa valeur personnelle au contact des gens qu'elle considère comme étant supérieurs à elle. Curieusement, la vie placera sur son chemin ce type de personnes, c'est-à-dire des personnes avec lesquelles elle répétera les motifs connus, avec l'espoir secret que cette fois-ci elle guérira.

Toutefois, malgré ces répétitions apparemment désastreuses (certaines le demeureront malheureusement) une partie de la personne cherche l'ouverture et l'expansion. Elle le fera grâce à l'inconscient collectif qui synchronisera des occasions pour dénouer ces nœuds affectifs et les intégrer à son identité. En ce sens, le Soi, véritable chef d'orchestre de la synchronicité, produit dans les rêves des images archétypiques (des symboles), mais provoque aussi des situations symboliques (synchronicités) dans le réel. La rencontre synchronistique pourra donc entraîner un mouvement créatif qui nous aidera à transformer la perception que nous avons de nous-même.

C'est ce qui arriva à Véronique, aux prises avec un complexe d'infériorité. Cette jeune femme de 21 ans avait tout pour plaire. D'une grande érudition, d'apparence soignée, elle avait les cheveux bruns et légèrement bouclés, de magnifiques yeux verts et une taille fine et élancée. Elle ressentait toutefois un profond sentiment de vide. Malgré sa grande beauté et son intelligence marquée, elle posait un regard extrêmement sévère sur sa personne. Elle s'était construit une représentation d'elle-même et du monde en fonction de critères rigides : un perfectionnisme implacable, un système rationnel sans failles, des opinions bien arrêtées. Nous pourrions dire qu'elle tournait autour d'un attracteur fixe extrêmement mécanique dans sa perception du monde et d'elle-même. Elle percevait les gens de façon très stricte, les jugeant supérieurs ou inférieurs à elle, surtout sur le plan intellectuel.

Ce complexe s'était formé, entre autres, dans un rapport particulièrement abusif avec son père. Le décès de sa mère, alors qu'elle-même n'avait que quatre ans, l'avait laissée sous la garde de son père, un chirurgien esthétique réputé. Après la mort de sa femme, l'homme ne s'était pas remarié et consacrait tout son temps à *vouloir le bien* de Véronique. À tel point qu'il voulut orienter sa vie. En souhaitant qu'elle devienne neurochirurgienne, il fit preuve d'une forme très subtile d'abus intellectuel. Il lui imposait en effet un « programme » de vie et décourageait toute manifestation spontanée et créative de sa part. Il agissait de la sorte pour son bien, disait-il.

Lorsqu'elle se présenta à mon bureau, elle cherchait à comprendre ce profond sentiment de vide. Elle voulait s'inscrire en médecine et obéir ainsi aux volontés paternelles, mais n'y parvenait pas. Ses échecs scolaires confirmaient (selon elle) sa supposée « faiblesse intellectuelle ».

Chaque relation avec un homme installait ce climat de guerre intellectuelle et de lutte à finir. Elle perpétuait aussi la thématique de l'abus dans ses liens amoureux. Véronique avait une piètre estime d'elle-même et était incapable d'entretenir un lien d'égale à égal avec des hommes. Ces derniers, des êtres parfois très brillants mais manipulateurs, la rabaissaient constamment. Ou alors elle s'entichait de « cancres », des types qu'elle finissait par dénigrer.

Lorsqu'elle entra en thérapie, elle revenait d'un long voyage en Inde et avait décidé d'entreprendre des études de droit. C'est peu après son retour qu'elle rencontra Louis, un professeur de droit, dans un corridor de l'université, alors qu'elle allait s'inscrire à un cours. Le motif de la rencontre était simple : ils avaient simplement amorcé une discussion sur les choix de cours. Mais cette rencontre bouleversa Véronique.

Le *timing* et les conditions initiales

La dimension de synchronicité de cette rencontre en apparence banale a trait au *timing* synchronistique et à la nouvelle vision du monde qui se développa à la suite de cette rencontre. À 21 ans, Véronique cherchait à se défaire de l'emprise paternelle et se cherchait une place dans le monde. Ce besoin de changement trouva son écho synchronistique dans la rencontre réelle avec Louis.

Lorsqu'il rencontra Véronique, Louis était sur le point de divorcer après avoir décidé d'affirmer ouvertement son homosexualité. La jeune femme tomba follement amoureuse de lui. Quand à Louis, il était fasciné mais ne voulait pas entreprendre de relation amoureuse avec elle. Véronique en conçut une pénible déception qui l'amena à un sentiment de dévalorisation. Elle se disait que les hommes qu'elle estimait ne s'intéressaient jamais à elle ; elle pensait qu'elle n'était *pas assez intelligente pour eux*. Malgré ce sentiment de rejet, elle perçut en Louis une très grande honnêteté qui la toucha. Elle était fascinée par cet homme sans trop savoir pourquoi.

La relation évolua sous forme d'amitié. Cette relation permit à Véronique de mesurer la faible estime qu'elle avait d'elle-même. C'est aussi grâce à cet homme qu'elle estimait supérieur mais qui n'abusait pas de sa position que le complexe intellectuel de Véronique perdit son caractère mécanique inconscient. Le complexe n'avait plus autant de place pour envahir sa perception d'elle-même, il n'avait plus de *résonance négative externe* pour opérer. Louis sortait des schèmes de référence de Véronique en matière d'hommes.

Comme le montre cet exemple, une rencontre apparemment anodine peut modifier un complexe si nous nous trouvons dans cet état particulier, cet entre-deux, «à la frontière du chaos». Véronique et Louis se trouvaient justement dans un état qui les prédisposait à être perméables au changement, à franchir cette frontière. Un état qui leur permit d'éveiller, dans la relation, les archétypes qui soustendaient le complexe de Véronique, apportant ainsi un mouvement créatif dans la vie de la jeune femme.

Les archétypes ou complexes collectifs

La vague émotionnelle de fascination qui entoure la rencontre synchronistique prend son élan dans l'inconscient collectif, c'est-à-dire dans une sphère se situant en deçà des complexes personnels où se trouvent les archétypes. La fascination de Véronique pour Louis peut s'expliquer en partie par la dimension archétypique de la rencontre.

Les archétypes seraient en quelque sorte les complexes collectifs de l'humanité. Ils sont les racines primordiales des complexes qui structurent nos comportements, images, affects et pensées. L'archétype serait donc une prédisposition à répondre d'une certaine façon à certains aspects du monde. Tout comme les organes biologiques ont évolué de manière à répondre de façon maximale à l'environnement, la psyché a évolué pour permettre à l'individu de répondre de façon maximale à certaines catégories d'expériences déjà vécues par les générations ancestrales.

Ces *patterns* collectifs sous-jacents aux complexes influencent nos existences individuelles, car elles prennent leur source hors du temps et de l'espace, dans l'inconscient collectif. Ils auront une influence créative dans la mesure où nous arriverons à prendre conscience de leurs manifestations, mais ils s'imposeront à nous de façon mécanique, tout comme les complexes lorsqu'ils demeurent dans l'ombre. Comme l'écrit Jung :

> *On peut percevoir l'énergie spécifique des archétypes lorsque l'on a l'occasion d'apprécier la fascination qu'ils exercent. Ils semblent jeter un sort. La même qualité caractérise les complexes personnels et, tout comme les complexes personnels, les complexes sociaux de caractère archétypique ont une histoire. Mais alors que les complexes individuels ne suscitent que des travers personnels, les archétypes créent des mythes, des religions et des philosophies, qui influencent et caractérisent des nations et des époques entières[63].*

Il y a un archétype pour chacune des expériences universelles que l'individu doit traverser. Depuis le début de l'humanité, l'être humain a eu une mère, un père, il a dû franchir les grands passages de la vie : la naissance, le passage à l'âge adulte, la maladie, les pertes, la recherche d'une place

---

63. Jung, *Réponse à Job*, Paris, Buchet/Chastel, 1964, p. 134–135.

dans la collectivité, la mort. À titre d'exemple, l'expérience d'être père a un fondement archétypique. Bien qu'influencée par l'archétype, l'expérience réelle de la paternité se vivra de façon unique par la personne en vertu de sa propre histoire personnelle et de celle que lui ont communiquée ses parents.

Chacune de ces expériences ancestrales a laissé des traces dans l'inconscient collectif et la plupart des sociétés se sont dotées de moyens pour les intégrer et les rendre à la conscience. Mais étant donné que nos sociétés occidentales offrent de moins en moins de rituels pour traverser ces grands passages, l'intégration des archétypes peut poser problème et être à la source de conflits importants. La synchronicité devient alors, par la force des choses, une «porte royale» ouverte sur l'inconscient collectif nous permettant de prendre davantage conscience de ces archétypes.

Lorsque nous traversons personnellement ces passages et que nous vivons une expérience synchronistique, nous sommes enclins à activer davantage ces archétypes. Les synchronicités, et particulièrement les rencontres synchronistiques, sont des expériences créatives à intégrer dans notre vie. Elles nous mettent en contact avec la sagesse de l'instinct, car pour Jung, l'archétype serait en quelque sorte l'équivalent humain de l'instinct animal.

Dans ce sens, les archétypes sont des noyaux psychiques ou des «attracteurs psychiques» qui influenceront le rapport du moi avec le monde extérieur et le monde intérieur. Ils sont des sources de sagesse, certes, mais également des sources de conflit lorsque notre expérience individuelle a contribué à les polariser négativement. Car l'archétype, tout comme le complexe, opère sous une modalité duale, positivement ou négativement, selon le vécu de la personne.

Il existe une variété importante d'archétypes. Parmi eux, pour désigner ce qui influence le rapport avec le monde intérieur, Jung choisira l'archétype de l'*animus* (la personnification de la nature masculine de l'inconscient de la femme) et de l'*anima* (la personnification de la nature féminine de l'inconscient de l'homme). Pour désigner l'archétype qui influence le rapport du moi avec le monde extérieur, Jung appellera *persona* ce masque que nous utilisons pour entrer en rapport avec les autres. Il parlera aussi de l'archétype de l'*ombre* qui correspond à la partie inconsciente de la personnalité, c'est-à-dire ce que nous avons refoulé et que nous ne pouvons admettre dans notre construction de l'identité.

Le champ archétypique[64]

Les archétypes se situent dans un champ indépendant du temps et de l'espace en ayant le Soi en son centre. Comme nous le montre la figure ci-dessous, le Soi, en tant qu'archétype du sens, est un peu comme un soleil qui attirera sur son orbite des thèmes particuliers de l'existence. Le moi est le thème principal produit par le Soi et sera donc sous son influence tout au long de notre vie.

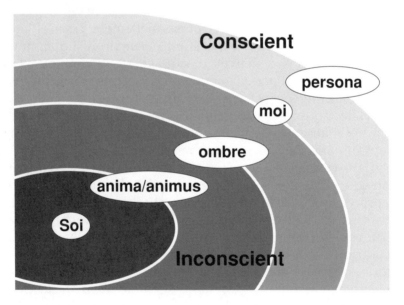

Les archétypes se situent dans ce champ qu'est l'inconscient collectif. Ils sont un potentiel de forme mais ne sont jamais directement accessibles à la conscience, tout comme les complexes. Le champ d'attraction archétypique peut

---

64. L'idée de champ archétypique est abordée en détail dans le livre de Michael Conforti *Field, Form and Fate: Patterns in Mind and Nature*, Woodstock, Spring Publications, 1999.

aussi se comparer au champ latent que nous retrouvons dans la cristallisation. La comparaison avec le système axial du cristal, rapporté par Jung à deux reprises en 1946, qui ordonne les ions et les molécules, et cela sans manifestations visibles mais qui lui donne une forme spécifique, décrit bien l'action de ces archétypes. Tout comme le flocon de neige contiendra toujours six pointes, l'archétype possédera en germe une structure latente qui se déploiera dans la vie de l'individu à des moments décisifs. La particularité de ce champ est de produire des motifs au-delà du temps et de l'espace, et donc de permettre des coïncidences qui dépassent notre conception du temps et de l'espace. L'archétype ne causera pas la synchronicité, mais il en sera le principal facteur d'organisation. Nous ne pouvons donc pas prévoir précisément ce qu'il adviendra d'une vie individuelle, mais nous savons que globalement chacun de nous aura l'occasion d'expérimenter ce type d'expériences collectives.

Même si tous les êtres humains sont confrontés aux mêmes expériences, aucun ne dynamise ses archétypes deux fois de la même façon. C'est pourquoi il faut distinguer entre l'archétype et la manifestation symbolique qui lui est propre. Comme Jung l'indique dans *Les racines de la conscience*[65], l'archétype est un potentiel de représentation et non un contenu transmis.

> *Les archétypes n'ont pas de contenu déterminé; ils ne sont déterminés que dans leur forme et encore à un degré très limité. Une image primordiale n'a un contenu déterminé qu'à partir du moment où elle est devenue consciente et est, par conséquent, emplie du matériel de l'expérience consciente. On pourrait peut-être comparer sa forme au système axial d'un cristal qui préforme, en quelque sorte, la structure cristalline dans l'eau mère, bien que n'ayant par lui-même aucune existence matérielle. (…) L'archétype en lui-même est vide; il est un élément purement formel, rien d'autre qu'une* facultas præformandi *(une possibilité de préformation), forme de représentation donnée a priori. Les représentations elles-mêmes ne sont pas héritées : seules leurs formes le sont*[66].

---

65. Jung, *Les racines de la conscience*, Paris, Buchet/Chastel, 1971, p. 111.
66. *Ibid.*

Les formes de manifestation de l'archétype par le symbole sont illimitées bien qu'elles conservent une seule et même essence, tel un flocon de neige ou une fractale. S'il existe une confusion autour de ce terme, ce n'est pas le contenu qui est transmis au fil des générations qui en est responsable mais plutôt le potentiel de représentation, soit la structure latente. Dans une rencontre synchronistique, ce n'est pas la personne même que l'on rencontre qui est porteuse de sens, mais la situation globale de deux individus qui vivent la coïncidence ou la rencontre et la colorent d'un contenu symbolique propre à leurs vies.

Avant sa rencontre avec Louis, le complexe intellectuel paternel de Véronique était marqué de façon négative, c'est-à-dire teinté par les abus intellectuels de son père. Ses rencontres avec les hommes étaient donc en partie conditionnées par ce complexe alimenté par l'animus négatif. Les motifs inconscients de son scénario de vie avec les hommes contenaient notamment des notions telles que l'abus, le rejet et la manipulation intellectuelle. La vie relationnelle de Véronique adoptait le programme thématique propre à son histoire personnelle en regard des hommes.

Ayant vécu avec un père qui gagnait sa vie en transformant l'apparence extérieure des gens, Véronique avait développé une sensibilité particulière à l'image sociale. La rencontre avec Louis, professeur de droit réputé, activait aussi la persona, le masque social. Alors que Véronique était prédisposée à prendre une place dans le monde, la persona, ce masque de théâtre qui faisait résonner la voix dans l'ancien théâtre grec, était activée. Elle voyait dans cet homme la réussite qu'elle souhaitait appliquer secrètement à sa propre vie.

Dans n'importe quelle relation, mais particulièrement dans la rencontre synchronistique, un champ active les motifs latents de nos complexes et de nos archétypes. Les deux personnes «orbitent» ensemble suivant les principes d'attraction, dans une dynamique particulière et un sens propre en fonction des archétypes qui y sont activés. D'ailleurs, nous sommes souvent étonnés d'observer l'ambiance qui se dégage de nos relations, comme si chaque lien avait sa couleur, ses thèmes et sa dynamique propres.

Lorsque ces thèmes sont inconscients, l'orbite pourrait s'apparenter à la forme mécanique de l'attracteur fixe et n'amener aucune créativité.

Lorsque nous prenons conscience de ce champ archétypique (grâce aux coïncidences et aux symboles), nous activons progressivement la créativité d'un attracteur de sens. Comme si la conscience induisait de subtiles variations chaotiques qui peuvent transformer ces motifs fixes et répétitifs en motifs mouvants et créatifs.

Le complexe intellectuel paternel de Véronique se transforma au cours de la relation avec Louis et avec la thérapie (prise de conscience de la dynamique entourant le complexe). Louis fit preuve d'un très grand respect envers Véronique et n'entra pas dans la dynamique de l'abus. Il la prit comme stagiaire et veilla sur elle comme un père. La manifestation de l'archétype qui supporte le complexe, soit l'animus, avait une possibilité de se polariser d'une façon positive avec l'expérience auprès de Louis. Louis et Véronique continuèrent à se fréquenter dans un cadre professionnel et amical, et les projections s'estompèrent progressivement.

Véronique reprit confiance en elle, cessa de s'empêtrer dans des relations d'abus et trouva un compagnon de classe qui devint son conjoint. Le réel prenait la forme d'archétypes nouvellement modifiés et avait attiré ce nouvel homme dans sa vie. L'animus avait dorénavant le rôle d'un guide et la persona devenait un support pour faire résonner sa voix dans ses futures prestations d'avocate.

De son côté, Louis affirma davantage son homosexualité et transforma l'image qu'il avait de la femme avant de rencontrer Véronique. Nous pouvons dire que cette rencontre lui permit ainsi d'intégrer son ombre et son anima.

Il serait illusoire de croire que Véronique sera désormais immunisée contre l'abus et contre les affres de son complexe négatif à la suite de sa rencontre avec Louis. Mais en profitant de cette rencontre bien synchronisée et en élevant au niveau conscient les archétypes qui la supportent, elle est cependant moins soumise aux ballottements de son inconscient et peut bénéficier de l'énergie positive des archétypes.

Il est certes mystérieux d'observer la façon dont se modifie un complexe négatif et comment il prend une tournure créative au contact d'une personne. Dans l'exemple précédent, le fait que la sexualité soit absente de la relation qui unissait Véronique et Louis aura sans doute permis d'élaborer ces formes archétypiques dans un espace imaginaire. Autrement dit, Véronique et Louis n'ont pas été victimes des ficelles de l'inconscient dans un drame passionnel réel. La parfaite synchronisation entre les besoins de changements intérieurs de nos deux protagonistes et les événements extérieurs contribuèrent synchronistiquement au mystère d'une transformation. L'attitude *d'acceptation et de sacrifice* de Véronique, en ce qui a trait à cette relation, lui a sans doute aussi permis d'avoir accès à la portée symbolique et archétypique de cette rencontre. Une rencontre qui lui a ouvert une porte qu'elle a dû franchir seule, sans l'homme avec lequel elle aurait voulu vivre. Mais une porte qui la conduisit vers l'homme qui partage maintenant sa vie.

Le changement en thérapie est mystérieux. Le changement que nous apporte la rencontre avec une personne l'est tout autant. «Lorsque l'élève est prêt, le maître apparaît», dit l'expression chinoise.

L'archétype premier à la source de ce parfait *timing*, celui qui orchestre la synchronicité et les grandes transformations de l'identité, est l'archétype du Soi, le centre de la psyché totale. Il est en quelque sorte responsable du *timing* de l'activation de ces archétypes qui peuvent prendre le visage des rencontres importantes de notre vie. L'archétype du sens est l'archétype central qui guide le processus d'individuation, soit l'activation des potentiels latents en nous. Il est en quelque sorte l'ADN psychologique de notre développement qui contient en germe tous les potentiels de notre vie. Il est responsable de ces parfaits *timings* dans les rencontres qui surviennent en vue de nous développer psychologiquement.

Sans être une condition *sine qua non*, il n'est pas rare de faire ces rencontres synchronistiques à l'adolescence, c'est-à-dire lors du passage à la vie adulte, où nous devons choisir à la fois notre place dans le monde et un compagnon ou une compagne de route. Les archétypes de la persona et de l'animus/anima sont alors mieux disposés à s'activer et à se projeter sur l'autre afin de s'intégrer à la personnalité.

Le mi-temps de la vie, la quarantaine, est aussi une période charnière, comme en fait foi l'exemple de Louis. Il s'agit d'une période où nous entrons en contact avec l'ombre. Ce temps est propice aux rencontres synchronistiques qui nous permettent d'intégrer les dimensions fortement refoulées de notre personnalité. Par exemple, la rupture passionnée entre Jung et Freud a eu lieu autour de la quarantaine (pour Jung) et correspondait à sa fameuse descente dans l'inconscient et à sa confrontation avec l'ombre.

Il existe une infinité de possibilités de *combinaisons d'événements* dans nos histoires personnelles et collectives. Il existe une foule de personnes que nous pouvons « statistiquement » rencontrer. Cependant, certaines d'entre elles, lorsqu'elles sont « captées » dans « l'orbite » d'un champ archétypique, activeront la forme latente d'un thème qu'il nous faut intégrer à notre identité. Ces transformations nous apparaîtront parfois sous l'angle d'une coïncidence chargée de sens ou d'une rencontre parfaitement synchronisée mais profondément déroutante pour notre raison. Quelque chose essaie alors de se dire et prend le visage d'une rencontre.

Bien que nos rencontres soient le jeu du hasard, elles suivent la forme et le rythme inconscient des archétypes. Comme si la vie jouait continuellement aux dés et que ces dés étaient sous l'influence de l'archétype du sens, que ces dés s'organisaient et étaient influencés par la dynamique d'un centre se manifestant sous la forme de rencontres synchronistiques. Rencontres qui nous dépassent ou coïncidences, dans la relation, dignes des meilleurs scénarios de film.

Lors d'un événement synchronistique, deux principaux archétypes sont présents ; à l'archétype du Soi s'ajoute l'archétype de Mercure, Hermès ou le *trickster*. Ils se manifestent sous plusieurs formes comme n'importe quel archétype, mais leur présence peut nous être révélée par leur dynamique particulière associée au mouvement et à la transformation. Ils constitueront les thèmes principaux des deux prochains chapitres.

Devant nos complexes fixes et les répétitions de la vie, les archétypes, lorsque nous en prenons conscience, sont donc des attracteurs créatifs, des attracteurs de sens qui contribuent, de façon mystérieusement acausale, à modifier la suite «logique» des événements de la vie. Ils confèrent une touche créative aux motifs répétitifs de notre existence et serviront à en guider les grandes transformations.

CHAPITRE 6

Les sens de la transformation

Pendant que l'hiver
se couche dans mon ventre
et blanchit mon sang
à petits coups, j'épuise la mort.

ISABELLE FOREST

De même, au contact du désert, les forces de l'âme
et les passions doivent exister dans leur essence pure,
dans une transparence flamboyante.
Elles ont l'immensité pour s'y déployer.

ROLAND BOURNEUF

De tout temps, le désert a symbolisé le passage difficile d'un état à un autre, d'une terre de souffrance
à une terre promise. Cette vaste étendue de sable
associée aux transformations a toujours exercé sur moi
une étrange fascination et je garde un vif souvenir de ma
première expédition au Sahara. Après plusieurs heures de
route et trois crevaisons, j'avais enfin pu apercevoir les

majestueuses dunes du Sahara à travers la vitre de la camionnette rouge qui me conduisait à la Kasbah des Dunes, à Merzouga, au Maroc. C'est dans cette région que se trouvent les plus grandes dunes du Sahara. Du sable, du sable et encore du sable, symbole paradoxal de l'immuable et du changement. Le vent souffle sur ces immenses montagnes dorées et y inscrit son ordre, sa signature. Des motifs se forment alors au rythme des simouns et des violents siroccos. Puis le soleil y imprime sa marque définitive avec ses contrastes et ses ombres.

Dans le désert, lorsque la journée progresse et que le soleil s'élève au-dessus de nos têtes, la chaleur devient si intense que nous sommes forcés de chercher une ombre salutaire et d'y faire un arrêt.

La nuit venue, l'ombre est partout, mais c'est à ce moment que les déplacements deviennent possibles. Le souvenir le plus vif de mon expérience dans le désert concerne justement cette période de la journée et l'attente de la lune parmi les dunes. Ce simple petit rituel que pratiquent les Berbères dans le silence le plus total fut une expérience inoubliable. À minuit, la soif nous tenaille et les reflets de la lune sur les dunes s'offrent à nous telle une longue traînée de lait qui se répandrait sur un immense tapis de miel doré.

Ce tapis de lumière ainsi que les étoiles servent alors de repères. La nuit, le crépuscule ou l'aurore, me disait Yousef, le Berbère qui partageait ces instants avec moi, sont les moments les plus propices pour se déplacer dans le désert. Ils offrent des occasions de trouver une source et d'épancher cette soif. Je songeais alors à ces instants d'obscurité et à ces transitions difficiles qui les accompagnent. Les passages importants comme l'adolescence ou la quarantaine sont des périodes au cours desquelles nous cherchons le plus intensément des signes pour trouver le sens de notre vie.

Le sens de notre histoire

Chercher un sens, c'est se mettre en quête d'un puits, d'une source d'eau, comme nous le faisons lors d'une marche dans le désert. Chercher un sens, c'est aussi chercher le mince fil de soie qui tisse et recoud les grandes cassures de notre vie.

Comme l'écrit Kundera, nous cherchons continuellement des signes pour nous relier à notre histoire. «Les histoires personnelles, outre qu'elles se passent, disent-elles aussi quelque chose? Malgré tout mon scepticisme, il m'est resté un peu de superstition irrationnelle, telle cette curieuse conviction que tout événement qui m'advient comporte en plus un sens, qu'il *signifie* quelque chose; que par sa propre aventure la vie nous parle, nous révèle graduellement un secret, qu'elle s'offre comme un rébus à déchiffrer, que les histoires que nous vivons forment en même temps une mythologie de notre vie et que cette mythologie détient la clé de la vérité et du mystère. Est-ce une illusion? C'est possible, c'est même vraisemblable, mais je ne peux réprimer ce besoin de continuellement *déchiffrer* ma propre vie[67].»

Le Soi et la synchronicité

Ce besoin de sens et de cohérence dans notre mythe personnel proviendrait du Soi. Parmi les archétypes, le Soi est, selon Jung, l'archétype central, le principe organisateur, celui qui guide le processus qui fait de nous des êtres de plus en plus complets, c'est-à-dire qui guide le processus d'individuation. Il s'agit en fait d'une force unificatrice dont le rôle est d'harmoniser, de réunir et de tisser ensemble toutes les composantes conscientes et inconscientes de la personnalité en un tout créateur. C'est l'archétype du sens et de la totalité qui est beaucoup plus vaste que le moi. Jung écrit[68]: «Le Soi est non seulement le centre, mais aussi le périmètre qui inclut conscient et inconscient; il est le centre de cette totalité comme le moi est le centre de la conscience.» Il ajoute: «Le Soi est aussi le but de la vie, car il est l'expression la plus complète de ces combinaisons du destin que l'on appelle un individu[69].» Il est donc le but mais aussi le moyen par lequel l'individuation opère. Il est à la fois la destination et le voyage.

---

67. Milan Kundera, *La plaisanterie*, Paris, Gallimard, 1985, p. 247.
68. Jung, *Psychologie et alchimie*, Paris, Buchet/Chastel, 1970, p. 59.
69. Jung, *Dialectique du moi et de l'inconscient*, Paris, Gallimard, 1964, p. 258.

Le Soi est le centre inconscient avec lequel le moi devra entrer en rapport tout au long du processus d'individuation. Il est le principal générateur de symboles, dans la psyché, qui se déploieront dans les rêves et sous forme de synchronicités dans la réalité.

Fractale et mandala

Le Soi est symboliquement représenté par un cercle ou un mandala. Pour le bouddhiste tibétain, le mandala est un palace imaginaire qu'il contemple durant la méditation. Chacun de ces motifs a une signification et permet à la personne qui médite d'approfondir un aspect de la sagesse tibétaine. Le mandala est en général fait de papier, de tissu ou de sable. Il existe une variété infinie de mandalas et plusieurs traditions spirituelles ont recours à cette figure. Chez les Navajos du Nouveau-Mexique, par exemple, les mandalas sont faits de sable de différentes couleurs. Cela peut prendre plusieurs semaines avant de créer un mandala et lors d'un rituel, il sera détruit après la contemplation.

Selon Jung[70], le mandala peut apparaître spontanément sous forme de rêves dans les phases critiques de la vie, tout comme les synchronicités. Le mandala est très important dans la compréhension de l'effet créateur des symboles en période de désorganisation ou de chaos. Jung mentionne à ce propos: «L'expérience enseigne que le "cercle magique", le mandala, est l'antidote utilisé de toute l'Antiquité dans les états d'esprits chaotiques[71].»

---

70. Jung, *Mandala Symbolism*, Princeton, Princeton University Press, 1973.
71. Jung, *Les racines de la conscience*, *Op.cit.*, p. 21.

Mandala de type Cakrasamvara, Tibet Central, xvᵉ siècle (64.3 x 55,3 cm). (Photographie tirée de la collection de © Rossi & Rossi, Londres.)

Fractale réalisée par Jules J.C.M. Ruis, Fractal Design and Consulting Group, Hollande.

La science a de plus en plus fréquemment recours à des représentations fractales pour identifier des «schémas» d'organisation dans les systèmes biologiques complexes, dont certains s'apparentent curieusement aux mandalas. Selon Vladimir Gontar, de l'Université Ben Gourion, du Néguev[72] en Israël, certaines réactions biochimiques du cerveau pourraient même prendre la forme d'un mandala lorsqu'elles sont modélisées au moyen de la géométrie fractale. Comme si les mandalas créés par la psyché en périodes de crise pouvaient aussi se retrouver dans le fonctionnement chimique d'un cerveau qui tente de s'adapter de façon créative pour affronter un obstacle.

La symétrie du mandala rappelle l'importance d'un centre permanent autour duquel l'expérience s'élabore. Le mandala[73] peut également représenter la roue, figure importante dans la tradition orientale. Par exemple, à la périphérie de la roue, il y a davantage de mouvement et de chaos, mais plus nous nous approchons du centre, plus la stabilité apparaît,

---

72. Vladimir Gontar, «Theoretical Foundation of Jung's "Mandala Symbolism" Based on Discrete Chaotic Dynamics of Interacting Neurons *Discrete Dynamics in Nature and Society*, Vol. 5, Nº 1, 2000, pp. 19–28.
73. Le mot *mandala* provient du sanskrit et signifie *cercle magique*.

comme lorsque nous nous approchons du centre du Soi. Ainsi, le chaos local ne signifie pas un désordre dans l'ensemble de la psyché. Il peut y avoir un désordre local à la périphérie du moi, mais un ordre global qui prend racine au centre du Soi.

Le labyrinthe de la vie

Le mandala nous renvoie en outre à l'idée du labyrinthe de la vie, comme les couloirs labyrinthiques d'un château. Avec la perspective globale que suggère cette figure, il est possible d'identifier les impasses qui se répètent. Les murs qui jalonnent le labyrinthe du mandala peuvent représenter les complexes récurrents qui rétrécissent notre vision du monde.

Le recul symbolique que suggère le mandala (associé au labyrinthe) permet à l'individu de mieux découvrir les recoins de sa psyché afin d'identifier les répétitions qui le font parfois tourner en rond. Les événements de notre vie, et plus précisément les impasses sur lesquelles ils s'ouvrent, pourront paraître anodins à ceux qui les examinent individuellement. Ils sont un peu comme ces points qui apparaissent au hasard sur un écran avant de produire une fractale. Ce qui nous définit, c'est avant tout le chemin que nous allons emprunter pour traverser notre vie. Il n'y a pas deux chemins identiques, comme il n'y a pas deux mandalas ou deux flocons de neige parfaitement identiques. À la fin de notre vie, le sens que nous lui aurons donné sera en quelque sorte le chemin unique que nous aurons parcouru.

Le Soi, en tant que principe créateur, agit un peu comme ce professeur joué par Robin Williams dans le film *La société des poètes disparus*. Celui-ci monte sur son bureau pour inciter les jeunes à voir le monde sous un angle différent. La synchronicité est une manifestation du Soi et s'apparente au geste de ce professeur qui nous offre une perspective et nous *élève au-dessus du labyrinthe de notre vie*.

Pour Jung, le Soi est associé à la représentation de Dieu. La projection de l'archétype du Soi sous la forme de divinités célestes apparaîtrait analogiquement comme une tentative de placer un miroir au-dessus de nous-même de manière qu'il reflète notre labyrinthe intérieur. Un miroir collectif qui peut se briser, comme dans *La reine des neiges*, le conte d'Andersen, et peut donner naissance au sectarisme religieux si dévastateur (les cas extrêmes d'intégrisme). Cette projection, en reflétant le labyrinthe, renvoie à nos besoins de sens, de cohérence et de transcendance que nous proposent généralement la religion et la spiritualité. La déformation de ce miroir et l'impression que les divinités se situent *à l'extérieur de soi* constituent des étapes de l'individuation. Ces étapes aboutissent à une réappropriation des images que l'on finit par considérer comme ce qu'elles doivent être en réalité, c'est-à-dire le reflet de *notre monde intérieur*.

Aujourd'hui, cette projection peut notamment se retrouver dans l'immense labyrinthe qu'est Internet : une projection du Soi dans un centre qui serait partout et une circonférence qui ne serait nulle part.

À la recherche de la moitié perdue

Nous avons mentionné les symboles produits par le Soi, mais qu'est-ce qu'un symbole ? Étymologiquement, le symbole est associé au *symbolon*, cette pièce d'argile séparée puis réunie dans la mythologie grecque. À l'origine, le *symbolon* était une pièce de monnaie coupée en deux et dont les moitiés s'encastraient exactement : « Deux personnes en gardent chacune une partie, deux hôtes, le créancier et le débiteur, deux pèlerins, deux êtres qui vont se séparer longtemps... En rapprochant les deux parties, ils reconnaîtront plus tard leurs liens d'hospitalité, leurs dettes, leur amitié[74]. »

Nous passons notre vie à chercher cette moitié perdue, c'est-à-dire à nous recoller par le biais du symbole. Nous passons notre vie à chercher à remplir ce vide initial et à trouver dans le monde cette pièce manquante qui prend la forme d'une quête de sens. Il y a plusieurs façon de combler ce vide et de donner un sens à sa vie : le travail, le rapport à l'autre, l'art, le sport, la religion, la spiritualité, les loisirs et, dans les cas pathologiques, l'alcool, la drogue, la dépendance à Internet, etc.

---

74. Jean Chevalier, *Dictionnaire des symboles*, Paris, Robert Laffont, 1982, p. xiii.

La fonction symbolique est ce qui nous permet de supporter la réalité angoissante du monde. Le symbole nous met en rapport avec l'inconnu, avec le vide. Il est toujours issu d'une tension et il se déploie pour stimuler notre créativité, nous «ouvrir» à l'inconnu de façon à relâcher la tension. Jung désigne concrètement le symbole comme étant *la meilleure expression et représentation d'une situation problématique qui n'est pas encore appréhendée par la conscience mais qui met ensemble les différents aspects d'une tension psychique*[75]. Le symbole résume l'état de la psyché et propose une direction à la résolution du conflit en mettant à contribution l'inconscient aussi bien que le conscient. Selon Jung, le symbole propose une direction puisqu'il est subordonné aux archétypes par le biais de l'inconscient collectif, véritable champ d'expériences collectives[76].

Jeu et réalité

Comment se développe cette fonction symbolique permettant de supporter les tensions issues du monde extérieur chaotique et imprévisible? Le pédiatre et psychanalyste britannique Donald W. Winnicott[77] a grandement contribué, grâce à ses recherches reliées à la fonction symbolique, à la compréhension du processus par lequel nous en arrivons à fonctionner dans la réalité. Winnicott a mis en lumière, par ses notions d'aire et d'objet transitionnels, le chemin que parcourt l'enfant à partir d'un univers omnipotent et illusoire vers un univers externe imprévisible et source de tensions. Ce pédiatre passait des heures et des heures à observer les interactions des nourrissons et des mères pour élaborer ses théories. Il développa l'idée d'objet transitionnel pour décrire le développement de la fonction symbolique.

Lorsqu'il arrive dans le monde, l'enfant ne fait pas la différence entre le monde extérieur et son monde intérieur. Entre zéro et six mois, lorsqu'il a faim, il a l'impression que la nour-

---

75. «Jung» dans Elie Humbert, *Jung*, Paris, Éditions Universitaires, 1983, p. 44.
76. Jung désignera la couche la plus profonde de l'inconscient (inconscient collectif) comme étant une psyché objective, voir même autonome.
77. Donald W. Winnicott, *Jeu et réalité: L'espace potentiel*, Paris, Gallimard, 1975.

riture apparaît selon son bon désir, comme un prolongement de lui-même. Cette synchronisation parfaite, au début, permet à l'enfant de percevoir son «pouvoir» sur le monde qu'il considère alors comme un prolongement de lui-même. Tout va pour le mieux dans le meilleur des mondes, jusqu'au jour où l'enfant ressentira la faim sans que survienne la satisfaction. À ce moment-là, l'enfant expérimentera sa première cassure. En effet, il prendra conscience de l'existence d'un monde extérieur différent de son monde intérieur. Il éprouvera une angoisse et une tension qui pourront se résoudre par l'apparition de la fonction symbolique. Cette fonction naîtra lorsqu'il se donnera, comme objet transitionnel, un objet (une doudou) qui intégrera à la fois l'extérieur, par la réalité objective de l'objet, et l'intérieur, par ses qualités affectives rassurantes (il s'agira souvent de l'odeur de la mère incrustée dans une couverture, odeur qui ravivera des souvenirs reliés à la satisfaction des besoins et réduira donc la tension). Cet objet deviendra symbolique dans le sens où il unira les deux dimensions d'extérieur et d'intérieur en calmant la tension suscitée par l'écart entre deux mondes. Le symbole fait donc le lien entre les deux mondes, il est ce qui relie, ce qui met ensemble.

Et c'est lorsque l'enfant reconnaîtra qu'il est différent de l'autre (sa mère) qu'il développera le langage, premier balbutiement de l'expérience symbolique. Mais c'est aussi et surtout dans cet espace qu'il développera sa créativité, qui lui permettra de survivre dans le monde angoissant des «différences». C'est donc dans la conscience de la différence que l'homme se démarque de l'animal et que la dimension symbolique et créative (par exemple, le langage) apparaît comme étant typiquement humaine.

C'est ainsi que se constitue une aire dite intermédiaire, à mi-chemin entre la réalité et l'imaginaire, une aire englobant le langage et tout l'univers symbolique. Il s'agira d'une aire de jeu qui nous permettra d'être créatif avec la vie au lieu de la subir directement. Plus tard, cette aire transitionnelle s'élargira et deviendra une aire partagée lorsqu'elle prendra la forme de la culture, des arts, de la religion et de la spiritualité. Ces sphères symboliques sont toutes issues de processus transitionnels et sont nécessaires pour apprivoiser l'éternel conflit entre ce qui est objectivement perçu et ce qui est subjectivement conçu.

Cette aire est également celle de la religion où nous passons alors du «toutou» au grand «Tout», pour paraphraser le psychanalyste Marcel Gaumond. Cette dimension symbolique nous abstrait du monde réel et nous permet de le recréer. Mais cette abstraction du monde peut parfois mener au sectarisme religieux et à la guerre, alors que des êtres humains en viennent à s'entretuer pour une histoire, somme toute, de «doudou».

Signes et symboles

Selon Jung[78], le symbole ne doit pas être confondu avec le signe. L'expression que nous employons pour désigner quelque chose de connu est un signe, et non un symbole. Jung ne considère pas le symbole comme le déguisement d'autre chose. Certes, pour Jung, le symbole cache un sens, mais ce n'est pas nécessairement l'objet d'une censure qui réapparaîtrait sous la forme empruntée d'une image symbolique. Celle-ci ne serait qu'un symptôme d'une situation conflictuelle et ne servirait nullement à exprimer la tendance normale de la psyché à développer son potentiel tout au long du processus d'individuation.

Pour Jung, le symbole est un produit qui prend racine dans l'inconscient collectif. La création spontanée des symboles par le Soi permet d'unir nos contraires, nos tensions, et s'inscrit dans ce mouvement naturel de la vie qui nous pousse à nous ouvrir à l'inconnu et à chercher continuellement à nous dépasser en créant. Nous observons cette créativité dans la nature qui «cherche toujours son chemin», pour paraphraser Michael Crichton, auteur du livre qui inspira le film *Le parc jurassique*. Cette même force est à l'œuvre dans la psyché à travers les symboles.

Ainsi, plus s'élabore et se complexifie la fonction symbolique chez l'enfant, plus l'inconscient puisera en profondeur dans le grand bassin de l'inconscient collectif pour

---

78. Voir le livre *Les types psychologiques*, p. 468. Dans ce livre, l'explication du terme *symbole* occupe la plus grande partie du glossaire (neuf pages).

y trouver des «doudous» ou des symboles collectifs susceptibles de dénouer les tensions et de recoudre les grandes cassures de l'âme. Lorsque nous sommes à l'écoute des symboles et des «doudous» qui se déploient mystérieusement dans ces synchronicités culturelles (cinéma, littérature, théâtre, musique, etc.), nous avons accès à la sagesse de l'inconscient collectif.

Faire sens ou trouver un sens

Dans une synchronicité, nous pouvons nous demander si le sens sous-jacent au symbole n'est qu'une création subjective. Selon Jung, au niveau de l'inconscient collectif, le Soi qui crée naturellement des symboles produirait du sens.

Le sens, dans une coïncidence significative, proviendrait d'une impulsion venant de l'archétype de la totalité qu'est le Soi. C'est comme si, dans une synchronicité, un dialogue s'établissait momentanément entre le «metteur en scène» (le Soi) et le «personnage principal» de l'histoire (le moi). Le moi peut toutefois s'accorder ou refuser de suivre cette impulsion venant de la totalité. Le moi peut refuser de jouer «son rôle». C'est la disponibilité du moi devant les impulsions symboliques du Soi qui déterminera la cohérence d'un récit de vie et l'accomplissement de notre mythe personnel. Nous pouvons être tenté de jouer des rôles qui ne font pas partie de notre histoire mais qui sont «à la mode», et développer ainsi une forme de mythomanie symptomatique en nous écartant du sens approprié à notre vie.

Lorsque le sens est perçu, il se fait dans ce lieu intermédiaire, à mi-chemin entre la réalité objective et la subjectivité. Il se perçoit dans cet espace transitionnel où se déploient les symboles, forces unificatrices des contraires. Les fleurs symboliques issues du Soi poussent entre le béton de la rationalité et les champs archaïques de l'inconscient. Lorsque notre champ de conscience est entièrement pavé par une rationalité de béton, la fleur, le symbole ou la synchronicité sont impossibles à percevoir. D'un autre côté, lorsque notre moi est trop fragile, nous perdons l'organisation du sens qui s'impose à nous et nous risquons d'être submergé par les «végétations primitives» de l'inconscient.

La perception des symboles synchronistiques est donc un exercice continuel de mise en forme de la vie symbolique. La conscience de la vie symbolique, comme la conscience de la vie onirique, peut s'atrophier lorsque nous n'y portons plus attention. La synchronicité suggère que la rationalité lui fasse une place à côté de l'irrationalité, dans un espace transitionnel à mi-chemin entre le réel et l'imaginaire.

Ce n'est donc jamais l'événement synchronistique externe comme tel qui est porteur de sens. Le sens se tisse progressivement dans la suite de l'histoire, c'est-à-dire dans la façon dont nous décidons de poursuivre notre vie après tel ou tel événement. Un symbole n'est pas un signe prédéterminé; en revanche, un feu rouge est un signe déterminé qui nous indique d'arrêter. Si le symbole était un signe, nous pourrions l'interpréter littéralement. Un symbole synchronistique serait plutôt un signal qui nous aide à nous diriger dans la vie (choisir telle solution, par exemple, plutôt que telle autre). Il est cependant important de ne pas interpréter un symbole au pied de la lettre, comme le fit Catherine (elle croyait que le paiement de sa thérapie était le signe lui donnant le feu vert pour acheter son billet d'avion.)

Le symbole se perçoit dans l'aire transitionnelle, un lieu «entre-deux», entre la réalité et le rêve. La synchronicité aussi se perçoit dans cet espace d'entre-deux, un espace de jeu et de créativité qui nous permet de réinventer le monde au lieu de le subir. Le symbole nous permet de nous abstraire du monde et d'en supporter les angoisses. La vie symbolique peut cependant nous éloigner dangereusement de la réalité.

Le fantasme qui détruit

Devant ce qui nous est inconnu, nous créons naturellement des symboles. Et lorsque l'inconnu qui se trouve en face de nous prend le visage d'une personne, nous projetons nos désirs et nos angoisses sur cette personne. Au point où, souvent, nous ne pouvons même plus entendre ce qu'elle dit, tellement notre être et nos projections «parlent» fort. C'est justement ce qui survient dans le film *Une liaison pornographique*, du réalisateur belge Frederick Fonteyne. Ce film raconte l'histoire d'un homme et d'une femme qui font connaissance par le biais des petites annonces. Tous deux décident de se voir une fois par semaine pour réaliser un fantasme. La force de l'imaginaire est déjà présente au début du film dans deux scènes en flash-back où chacun des personnages repense à son histoire. Les deux personnages n'ont en effet pas le même avis sur la façon dont ils se sont rencontrés et sur la fréquence de leurs rencontres. Nous ne saurons par ailleurs jamais de quel fantasme il s'agit. Ce film met donc l'accent sur la perception subjective et la force d'un fantasme dans une relation.

Plus le temps passe et plus la relation prend de l'importance, au point où la vie pousse les deux personnages vers une transformation, et cela bien malgré eux. C'est alors que nous assistons à une scène très touchante où nous apercevons l'homme et la femme, assis l'un en face de l'autre, dans un restaurant. Nous entendons leurs petites voix intérieures qui nous révèlent leurs désirs secrets de ne pas se quitter. Mais ils vont se dire l'un à l'autre exactement le contraire de ce qu'ils pensent. Cette scène illustre bien comment le fantasme qui construit une relation peut aussi la détruire. Il démontre comment ce qui nous unit aux autres ne tient parfois qu'à un *détail*. Un mot prononcé dans un contexte-limite aura des répercussions énormes, comme le battement d'aile du papillon à Pékin engendrera une tempête à New York. Dans le cas de ces personnages, ils n'effectueront pas de transformation et devront se quitter.

Symbole et symptôme : la traversée de la Manche

Les symboles venant du Soi imposent continuellement un mouvement qui incite à la transformation. Il n'y a d'ailleurs que le changement qui soit constant et, d'une certaine façon, qui soit une certitude. La seule chose dont nous sommes certains, c'est que notre vie changera, disait le Bouddha. Mais ce mouvement qui incite au changement, surtout dans la relation à l'autre, peut devenir impossible si nous refusons le sens de la transformation. Le symbole non intégré prendra alors la forme d'un symptôme. Lorsque le sens, qui s'impose à nous dans un symbole – tant dans un rêve que dans une synchronicité – n'évolue pas au rythme de la réalité, il se transforme en symptôme répétitif.

Examinons la différence importante entre un symbole et un symptôme. Le symbole est une représentation collée à l'expérience, une représentation directe de la problématique que nous vivons. Le symptôme serait plutôt une distanciation entre l'expérience et le moyen de la représenter. Le symptôme est très bien illustré par la métaphore de la traversée de la Manche[79].

Imaginons par exemple que vous avez vécu de nombreuses années en Angleterre, que vous n'avez jamais quitté ce pays, et que vous êtes habitué de conduire avec «le volant à droite». Survient alors une catastrophe qui vous oblige à vous établir en France. Vous prenez votre voiture et vous traversez la Manche, mais une fois de l'autre côté, vous vous entêtez à conduire à l'anglaise. Vous utilisez donc un registre de comportement qui appartient à votre ancien contexte mais ne respecte pas la transformation issue de la traversée sous la Manche. Si vous avez de la chance, vous pouvez arriver à faire un bout de chemin sur la route et à vous rendre dans un petit restaurant, histoire de vous reposer de ces «chauffards ivres». Vous êtes en effet convaincu que ce sont «les autres chauffeurs» qui ont des problèmes avec la conduite automobile. Après votre repas, vous reprenez la route et vous entrez en collision de plein fouet avec un camion. Vous êtes évidemment persuadé que le responsable de cet accident est le chauffeur du camion.

Le symptôme agit un peu comme ce chauffeur anglais qui n'était jamais sorti de son pays. Il essaie de fonctionner sur un registre qui ne tient pas compte de la réalité actuelle. Lorsque nous fonctionnons sous un mode symptomatique, une quantité impressionnante d'énergie est dépensée inutilement dans des répétitions compulsives. Nous devons effectuer un changement pour retrouver notre potentiel et épouser les rythmes de transformation de la vie. Pour retrouver notre valeur personnelle, nous devons transformer nos devises ; si nous

---

79. Adaptation d'une métaphore du psychanalyste René Roussillon à propos du symptôme.

ne le faisons pas, ce mode de fonctionnement pourrait nous coûter très cher. C'est aussi ce qui fait défaut et qui nous donne l'impression de ne pas avoir de valeur lorsque nous nous entêtons à fonctionner avec la devise du pays que nous avons quitté...

En relation, nous nous entêtons souvent à nouer des liens dits «symptomatiques» qui ne respectent pas les transformations et la réalité de notre état. Nous essayons alors de nous changer pour l'autre, nous faisons comme l'un de mes clients lorsqu'il se présenta à une première séance de thérapie à la suite d'un deuil difficile; il s'est effondré en s'exclamant: «J'ai tout fait pour qu'elle m'aime.» Transposons ici par «J'étouffais pour qu'elle m'aime.» La faible estime de soi qui nous pousse à nous diminuer est souvent au centre de ce type de relation et au centre des amours impossibles.

Les « mauvaises » synchronicités : les amours impossibles

Un jour, j'ai suggéré à un client l'excellent livre de Jan Bauer : *L'amour impossible*[80]. J'étais la quatrième personne dans la même semaine à lui recommander cet ouvrage. Évidemment, cela a fini par l'inciter à le lire, mais cette coïncidence l'a surtout entraîné dans un état de plus grande disponibilité au contenu du livre, tout comme une coïncidence significative qui place tout à coup deux personnes en rapport l'une avec l'autre leur suggère une plus grande disponibilité l'une vis-à-vis de l'autre.

Selon Jan Bauer, dans les amours impossibles, l'autre incarne une valeur «symbolique» et nous met en contact avec des facettes inconnues et refoulées de notre personnalité. Lors de ces rencontres passionnées, nous sommes amenés à vivre *l'enfer* et *le paradis*, comme le précise l'auteur. Il s'agit donc de relations «initiatrices» à des facettes de soi qui peuvent, lorsque la dimension symbolique projective n'est pas intégrée, se développer en un amour symptomatique, c'est-à-dire en dépendance amoureuse. On s'accroche à

---

80. Jan Bauer, *L'amour impossible*, Montréal, Le Jour, éditeur, 2000.

quelque chose à l'extérieur de soi en oubliant le fait que cet aspect vit au plus profond de nous.

L'amour impossible pourra aussi se manifester sous forme de *rencontres répétitives compulsives* au cours desquelles la relation ne pourra jamais être possible. Inconsciemment, on empêche l'autre de s'approcher de trop près, sans doute pour éviter ce contact avec des facettes de soi que l'on ne veut pas montrer.

Ce type de rencontre est «apparemment» mal synchronisé du point de vue du moi. Mais au niveau du Soi, il est parfaitement bien synchronisé en regard des impératifs de l'individuation et de la tendance de la psyché à aider l'individu à *s'ouvrir* et à s'épanouir. Nous retrouvons donc l'idée d'un chaos local dans un ordre global. L'autre nous place devant notre ombre et nos possibilités de changement. Les changements profonds dans notre personnalité passent toujours par un contact avec l'ombre. Et nous entrons en contact avec cette ombre de façon fracassante dans les amours impossibles. C'est en ce sens que ces rencontres, qui surviennent à des moments synchronistiques, sont des rencontres «catalysantes». En entrant en relation avec notre ombre, ces rencontres nous bouleversent et peuvent amener de véritables changements dans notre personnalité. Exceptionnellement, certaines de ces rencontres peuvent se développer et produire une relation stable. Mais en règle générale, vouloir maintenir ces relations dans le réel, c'est perpétuer de façon symptomatique un écart avec soi-même. Mais lorsqu'on réussit à saisir la portée symbolique de ces amours impossibles, celles-ci peuvent devenir de très grandes occasions de transformation.

Le sens de la métamorphose

On peut se demander si nous devrions être conscients de la synchronicité pour qu'elle soit opérante et transformatrice?

Il existe probablement des synchronicités qui échappent à notre conscience. L'un des effets de ces coïncidences significatives ou de ces rencontres synchronistiques est justement d'ouvrir la conscience à une plus grande perspective de soi et du monde. Mais pour élargir la conscience, la perception du sens ne peut pas se faire qu'avec la raison. Le sens opère aussi et surtout par son effet affectif. Ainsi, même si nous ne connaissons pas toujours les motifs de nos réactions affectives lorsque survient une synchronicité, nous pouvons supposer que quelque chose agit, tout comme lorsque nous sommes touchés et fascinés par une personne que nous croisons dans la rue.

La même chose se produit lorsque nous rêvons. Même si nous n'en saisissons pas tout le sens, le rêve suscite des réactions par le mouvement émotif qu'il opère. Cependant, si nous arrivons à en prendre davantage conscience, la portée de transformation en sera plus grande. De plus, en devenant conscient du sens du symbole, nous éviterons de tomber dans le phénomène du symptôme répétitif.

L'impulsion symbolique déployée dans une synchronicité conduit donc normalement au mouvement, à la quête de sens, et cela même si nous ne sommes pas pleinement conscients de ce qui se joue en nous à l'occasion d'événements particulièrement chargés de sens. L'effet de sens va donc au-delà de la rationalité et transforme la personnalité à plusieurs niveaux.

La pathologie du sens

Il arrive par ailleurs que nous cherchions un sens en ne nous appuyant que sur la raison. La quête de sens peut devenir une obsession alors que le sens d'une synchronicité a un fondement presque exclusivement irrationnel. Par surcroît, les nombreuses coïncidences de notre vie ne sont pas toutes synchronistiques. S'il fallait que chaque fois qu'un pot se casse à la maison les conjoints se mettent à interpréter cet événement comme un signe qu'il faut « casser » le lien, le taux de divorce atteindrait des niveaux encore plus inquiétants !

Le sens perçu de façon pathologique est tributaire de notre attention sélective et de notre rationalité. Lorsque survient une coïncidence, nous sommes bien souvent comme celui qui a un marteau dans les mains et qui voit des clous partout. Tout est potentiellement signifiant certes, mais il n'est pas nécessaire de donner un sens à tout. La synchronicité est cette propriété inhérente à la vie qui reflète la parfaite symétrie entre l'extérieur et l'intérieur, mais vivre continuellement dans cet état de fusion avec l'univers n'est pas possible. Bien souvent, nous prenons les coïncidences pour nos désirs et interprétons la réalité en fonction des désirs qui sont les nôtres. Et à force de vouloir regarder les panneaux de signalisation et de chercher des signes partout, nous risquons de nous écarter de notre route.

Nous pouvons «pervertir» la synchronicité en répétant constamment des phrases comme: «Pourquoi cela m'arrive-t-il?» Lorsque nous cherchons la signification d'une synchronicité, nous ne trouvons pas de raisons, pas de causes logiques, mais un sens, une direction fondée principalement sur l'intuition. La question qui se pose à la suite d'une coïncidence chargée de sens est alors: «Vers quoi cela va-t-il me conduire?» ou, comme l'écrit Jan Bauer dans *L'amour impossible*: «Pour en arriver à quoi?»

Dans nos relations interpersonnelles par exemple, le sens d'une synchronicité élaboré uniquement sur le plan rationnel peut devenir un outil pervers qui pourra être utilisé afin de manipuler l'autre. La synchronicité dans les mains d'un manipulateur consistera à analyser le sens d'un événement à son avantage en disant à l'autre que ce qu'il vit n'est pas un hasard si... ou que tel événement a le sens qu'il veut bien lui donner, etc. En réalité, une partie du sens entourant la synchronicité nous échappera toujours. Bien souvent, le sens que nous lui donnons nous remet profondément en question et c'est pourquoi il peut être difficile de l'intégrer.

D'une façon plus générale, la faiblesse de notre vie symbolique et l'atrophie de l'imaginaire (lorsqu'on se met à tout interpréter au pied de la lettre, par exemple) peuvent conduire aux plus grands excès et contribuer à un mode de vie symptomatique. Lorsque nous avons faim, nous mangeons trop; lorsque nous voulons davantage d'amour, nous faisons l'amour compulsivement; et lorsque nous voulons plus de pouvoir, nous sommes prêts à tout «acheter». Tout cela sans jamais satisfaire le désir profond. En transformant nos désirs en besoins, nous sommes voués à l'insatisfaction chronique. Nous voulons tout avoir, même ce dont nous n'avons pas besoin, parce que nos besoins sont soumis aux lois du désir qui elles, sont infinies. Lorsque nous écoutons «littéralement» les messages de la société de consommation, nous sommes en effet continuellement insatisfaits. L'archétype de la totalité, le Soi, est alors perverti par nos besoins de consommation et par cette quête effrénée de «tout» avoir.

Beauté américaine

Le film *Beauté américaine* révèle plusieurs éléments inté-ressants sur la pathologie du sens provenant d'une société de consommation. Dans ce film, on voit notamment com-ment la possession matérielle devient obsessive et illusoire en brimant la liberté. Lors d'une émission *Projections*, le socio-logue, juriste et écrivain Robert Jasmin a d'ailleurs utilisé les personnages de ce film pour faire une analyse de la perte de sens qui caractérise notre société occidentale. La consomma-tion obsessive prend l'allure d'une quête effrénée pour rem-plir les besoins de sens et combler le vide qui devient de plus en plus présent et difficile à tolérer. Une scène du film, pro-bablement l'une des plus touchantes du cinéma américain, nous montre un sac de plastique vide qui vole au vent pen-dant de nombreuses minutes. Symbole de la consommation, ce sac de plastique représente la légèreté des choses et la beauté de la simplicité[81].

Par ailleurs, le personnage de Caroline, la femme de Leaster Boorman, qui est elle-même prise dans cette obses-sion pour les objets et la richesse, suit notamment un cours d'affirmation de soi à l'aide d'une cassette qu'elle écoute dans sa voiture à un moment crucial du film. Elle s'en retourne à ce moment-là chez elle avec l'intention de tuer son mari. Le film démontre de façon symbolique comment les trucs faciles de croissance personnelle sont parfois récupérés par la société de consommation et peuvent, tout comme pour cette femme avec son mari, couper et «tuer» les élans créateurs. Cet homme symbolise le rebelle qui désire le changement.

---

81. Propos tenus lors de l'émission *Projections* du 4 juillet 2000 (CKRL-FM).

Cette impulsion amoureuse et spontanée du mari sera freinée par la femme qui aura justement peur de sacrifier le canapé, cet objet qui aurait pu se retrouver taché lors d'une scène qui aurait pu déboucher sur un épisode d'amour.

Le « Sois parfait ! »

« Vaut mieux être complet que parfait », disait Jung. Lorsque j'entre dans une librairie, aujourd'hui, je ressens une immense lassitude et une subtile pression de performance en voyant tous ces ouvrages que je « devrais » avoir lus pour être heureux. Tellement de livres à lire, de choses à connaître pour vivre le bonheur. Nous n'avons jamais eu autant de « guides » pour nous indiquer le sens à suivre. Je m'interroge sur la pertinence de cette incursion subtile dans nos sociétés du « Sois heureux à tout prix ! » qui peut brimer notre créativité. La croissance personnelle est trop souvent affaire de consommation et peut tendre vers la psychologie facile.

Ces messages typiques s'infiltrent de plus en plus dans notre rapport à nous-même. Comme le souligne si justement Pascal Bruckner, dans son livre *L'euphorie perpétuelle : Essai sur le devoir de bonheur*[82], le bonheur est devenu une nécessité et un stupéfiant collectif : « Sois heureux et sois parfait ! » Bruckner ajoute : « On peut guérir certains maux mais pas le malheur lui-même[83]. » On peut certes bénéficier d'outils très utiles pour intensifier sa croissance spirituelle, mais le message véhiculé est celui d'une obsession pour une vie parfaite où l'on va éliminer et « régler » définitivement toutes ses difficultés à l'aide de tels ou tels moyens. Dans ce contexte de perfectionnement perpétuel, acquérir une bonne estime de soi est devenu, de nos jours, tout un défi. Il y a toujours une formation pour nous convaincre de la nécessité de nous perfectionner davantage. C'est la politique du « Devenez parfait en une fin de semaine et ne payer qu'en mars ». Quand

---

82. Pascal Bruckner, *L'euphorie perpétuelle : Essai sur le devoir de bonheur*, Paris, Grasset, 2000.
83. *Ibid.*

on sait que le rapport à soi et à l'autre est souvent source de tension, il est facile de décrocher et de «zapper» plutôt que de se relever les manches et de tenter d'améliorer une communication difficile. Le fait d'entretenir l'illusion que la souffrance sera un jour complètement évacuée de nos vies est profondément culpabilisant.

Les abus intellectuels

Nous observons cette pathologie du sens dans le développement personnel d'une façon particulièrement subtile sous la forme de l'abus intellectuel[84]. Cet abus consiste à donner une information ou un enseignement à une personne qui n'est pas prête à l'intégrer. En ce qui concerne la synchronicité, l'abus intellectuel impose une interprétation que le sujet est encore incapable d'assumer. Ces types d'abus amènent l'individu à interpréter les signes de façon littérale, en ne se fiant qu'aux événements extérieurs, et à ignorer son pouvoir de questionnement sur ces événements. Il peut conduire à cette atrophie de l'imaginaire typique de notre société de plus en plus médiatisée qui mastique l'information avant de nous la faire avaler. L'interprétation d'une synchronicité imposée sans qu'il y ait eu la volonté de l'ingérer et de l'intégrer devient alors insignifiante. Nous disons d'un rêve qui n'a pas été interprété qu'il est comme une lettre qui n'est pas lue. Lorsque quelqu'un essaie d'interpréter une synchronicité à notre place, c'est un peu comme si nous recevions une lettre personnelle qui aurait été ouverte à notre insu et dont on aurait complètement changé les mots.

Intégrer l'information d'une synchronicité n'est pas toujours simple. Cela implique un travail personnel sur soi et demande bien souvent de renoncer aux certitudes et au confort d'une vie parfois stable et parfaitement ordonnée.

Le mouvement de transformation qu'amorce la synchronicité n'est certes pas facile à suivre puisqu'il provoque bien souvent un changement, une sorte de métamorphose de notre être profond.

---

84. Cette idée d'abus intellectuel a été développée par Jean Bédard lors d'un séminaire sur *Nicolas de Cues* à l'été 1999, au Bic, Québec.

Mais une vision synchronistique du monde permet de sortir des programmes et des conditionnements typiques d'une société de consommation. La synchronicité apporte dans notre vie un vent de créativité et libère un espace de jeu. Et cet espace de jeu entre le réel et l'imaginaire, c'est la sphère d'activités de la figure archétypique du *trickster*.

CHAPITRE 7

Entre-deux

*Ce monde n'est qu'un pont. Traverse-le mais
n'y construis pas ta demeure.*

HENN,
Apocryphes, 35.

*Jusqu'à ce soir, tu pensais que la vie était absurde.
Désormais, tu sauras qu'elle est mystérieuse.*

Éric-Emmanuel Schmitt, *Le Visiteur*

Après plusieurs contrôles de passeport et une longue expédition dans le Sahara occidental, j'ai pu atteindre Cap Juby, un lieu situé dans la portion sud–ouest du Maroc, à quelques kilomètres seulement de la frontière de la Mauritanie. Le réceptionniste de l'hôtel me révéla qu'il n'avait pas vu de touristes canadiens depuis plus de huit ans. Cela me fait toujours un drôle d'effet lorsque l'on me prend pour un touriste.

La chambre numéro 7 de l'Hôtel Tarfaya, où j'avais élu domicile pendant plusieurs jours, ressemblait davantage à un cachot qu'à une chambre d'hôtel et le lit aurait sûrement davantage mérité son nom s'il avait eu moins de trous et de ressorts. Mais ce petit village, qui se déploie timidement entre les immenses dunes du Sahara occidental et les turbulentes vagues de l'océan Atlantique, avait malgré tout un charme exotique. Un fort espagnol domine le village et une prison abandonnée trône sur un îlet à quelques centaines de mètres de la plage qui s'étend jusqu'à l'infini. Je pouvais marcher des heures et des heures sur le bord de l'eau sans rencontrer personne. De temps à autre, j'apercevais quelques vieux navires rouillés, échoués sur la plage depuis des années sans doute. Lorsque j'avais chaud, j'allais vers l'eau et lorsque j'avais froid, je revenais vers les dunes.

Ce petit village apparemment sans intérêt révélait pourtant une page importante de l'histoire. Cap Juby était un poste intermédiaire de transfert pour le courrier en Afrique du Nord. Antoine de Saint-Exupéry fut responsable de ce poste à la belle époque de l'Aéropostale. Dans ce temps-là, le courrier prenait tout son sens à cause des longs et périlleux parcours qu'empruntaient les pionniers de l'air. Car le courrier était souvent intercepté par les Maures qui y voyaient une forme attirante de chantage pour récupérer les terres que les Espagnols leur avaient prises. Les pilotes étaient souvent martyrisés et tués.

Quand je repense à Cap Juby, je pense aux périls qu'ont dû vivre les pionniers de l'Aéropostale pour atteindre leurs buts. Cet endroit est pour moi le lieu symbolique des entre-deux difficiles. L'entre-deux est associé à une figure importante de la mythologie : Hermès, le *trickster*, le patron des voyageurs et des voleurs, le médiateur et le messager entre le conscient et l'inconscient. Hermès fut d'ailleurs le premier nom donné à un système de courrier électronique.

Cette figure archétypique d'Hermès, le *trickster*, est la figure même de l'imprévu. Nous pouvons en effet constater, lorsque nous voyageons, que nous avons une disponibilité à l'imprévu, et par le fait même, une disponibilité à la synchronicité. Nous n'avons toutefois pas besoin de partir bien loin pour nous faire prendre dans les tourbillons de cet archétype du mouvement qu'est Hermès le *trickster*...

Hermès, Mercure ou le *trickster*

Malgré les théories que nous pouvons construire pour expliquer la synchronicité, il nous faut demeurer humble et ouvert à la spontanéité de l'archétype du *trickster* qui évolue autour du phénomène des coïncidences significatives. La très grande irrégularité de la synchronicité est en partie attribuable à cet archétype du *trickster* associé à Hermès.

Dans les mythes, nous trouvons des figures qui incarnent des propriétés universelles. C'est l'un des apports les plus fascinants de Jung que d'avoir identifié la récurrence de certains motifs dans les traditions de plusieurs peuples n'ayant jamais été en contact les uns avec les autres. Parmi ces archétypes, il y a Hermès, ou Mercure chez les Romains.

Par ailleurs, le mercure, c'est l'eau qui ne mouille pas des alchimistes, le facteur insaisissable, l'indéterminé. Hermès, c'est le dieu des frontières, le messager des dieux. Celui qui apporte les rêves aux mortels. C'est un dieu souterrain, un dieu psychopompe. Il est associé aux bordures, aux frontières et aux transitions. Comme mentionné précédemment, Hermès, c'est le dieu des voyageurs, des voleurs et des commerçants. On raconte que dans l'Antiquité, en Grèce, le commerce se faisait en bordure des villages. On a gardé ce principe aujourd'hui avec les boutiques hors taxes aux frontières des pays. Certains douaniers sont d'ailleurs souvent «possédés» par l'archétype du *trickster* lorsqu'ils vous demandent, sans raison apparente, de vider vos valises devant leurs yeux avides et curieux.

Le *trickster*, intimement lié à Hermès, est avide, égocentrique et amoral. C'est le diable farceur qui vient perturber l'ordre établi et qui retourne le monde à l'envers pour son seul bon plaisir. Chez les peuples amérindiens des Grandes Prairies, il est associé au coyote. Le coyote est un créateur souvent associé à la création de la culture et à la création du monde. Dans l'émission de télévision bien connue, le dessin animé caricature la ruse du coyote qui vient perturber les journées monotones de Road Runner. C'est un *trickster*, celui qui sème le désordre afin de faire naître le mouvement.

Dans la légende arthurienne, le *trickster* est associé à Merlin, qui possède une nature double, moitié humaine et moitié diabolique, conçue par Dieu et le diable, figure lumineuse et ténébreuse; il est l'ordre et le chaos. Selon la légende, Merlin apparaît quand on n'a pas besoin de lui et disparaît quand on a besoin de lui. Il intervient par exemple pour créer la discorde et rétablir l'ordre, et cela sans raison. Mais il intervient souvent lorsque la situation nous paraît sans issue. Comme dans l'épisode où Arthur, par orgueil, casse Excalibur dans son combat avec Lancelot; Merlin, de connivence avec la dame du lac, interviendra pour réparer l'épée.

La légende raconte aussi que Merlin a un jour déclaré d'un ton prophétique que son temps était compté, que les esprits de la nature comme lui allaient céder la place au Dieu unique et à l'avènement du règne des hommes. Merlin a terminé sa vie enfermé dans un bloc de cristal. C'est une belle métaphore pour un principe irrationnel que l'on a évacué d'une façon officielle, cédant la place au règne de la rationalité. Dans notre vie quotidienne, c'est ce principe qui continue d'opérer. Il représente l'élément de surprise typique de la synchronicité, sans causes logiques.

La mythologie africaine est remplie de ces petits esprits farceurs. Chez les Africains, cet archétype est associé à Eshu, le dieu des moments opportuns. On rapporte qu'il se tenait à l'entrée et à la sortie des villages, surveillant les gens qui entraient et sortaient. Une histoire amusante d'Eshu rapportée par Allan Combs, dans son livre sur la synchronicité et le *trickster*, raconte ce qui suit.

Deux frères s'étaient associés pour mettre sur pied une ferme. Ils avaient décidé de tout partager, allant même jusqu'à se vêtir de la même façon. Eshu décida alors de briser cette habitude: il se fit passer pour l'un des frères mais s'habilla différemment de lui. Lorsque l'autre frère l'aperçut, il fut profondément choqué. Cette incursion du *trickster* Eshu provoqua la discorde entre les deux frères. Lorsqu'un dieu lui demanda pour quelles raisons il avait fait ce geste, Eshu répondit que ce n'était que pour le plaisir. L'histoire se termine avec Eshu qui allume un grand feu dans le village, ce qui obligea les gens à devoir partager à nouveau tous leurs biens[85].

On voit ainsi comment le *trickster* agit en créant la discorde sans raison apparente et en recréant un nouvel ordre. Il adore tourner le monde à l'envers pour le retourner ensuite à l'endroit.

Le *trickster* est aussi associé à la danse et à la musique. D'ailleurs, Hermès inventa la première lyre en volant un bœuf qui faisait partie d'un troupeau que Apollon gardait. Après avoir sacrifié un bœuf aux dieux de l'Olympe, Hermès retourna dans sa caverne. Sur le chemin du retour, il découvrit une énorme carapace de tortue. Que pourrait-il bien en faire? Une idée géniale lui traversa l'esprit: il nettoya les nerfs du bœuf qu'il venait de sacrifier et les tendit d'un bord à l'autre de la carapace, au-dessus de la partie creuse. Pinçant ces cordes avec les doigts, il en tira des sons mélodieux: la première lyre était née[86]!

Le Diable beau danseur et Le Survenant

Lorsque j'étais plus jeune, j'étais fasciné par les histoires de diables. À Saint-Jean-Port-Joli, ce petit village en bordure du Saint-Laurent, mes cousins et mes oncles me racontaient bien des histoires à propos du diable. Je me souviens notamment de celle de la chasse-galerie où le diable permettait à des bûcherons de faire voler leur canot dans le ciel pour qu'ils puissent aller retrouver leurs femmes. Il leur était cependant interdit de prononcer le nom de Dieu. Ce qui finissait d'ailleurs toujours par arriver, provoquant ainsi la chute des bûcherons.

L'archétype du *trickster* est également présent dans le conte québécois du *Diable beau danseur*. Cette légende québécoise raconte l'histoire du diable qui séduisait les femmes en

---

85. Allan Combs, Mark Holland. *Synchronicity: Science, Myth, and the Trickster*, New York, Paragon House, 1990.
86. Odile Gandon, *Dictionnaire de la mythologie grecque et latine*, Paris, Hachette, 1992, p. 233.

dansant avec elles. Il arrivait sans prévenir, par un soir d'hiver, et il entrait dans une maison du village qu'il choisissait soigneusement. Il impressionnait tout le monde par son agilité et par la vivacité de ses mouvements qui envoûtaient les jeunes femmes. Fatalement, l'une de ces femmes finissait par se laisser séduire et se faisait enlever par le diable. Là encore, nous retrouvons les caractéristiques typiques du *trickster* : sa visite impromptue et le désordre qu'il provoque, cette fois en ravissant une femme grâce à ses talents de danseur.

Nous trouvons aussi des traces de cet archétype avec *Le Survenant*[87], de Germaine Guèvremont, un roman qui a remporté un succès international lorsqu'il fut publié dans les années quarante. Ce personnage mystérieux qui débarque sans prévenir au Chenal du Moine, un soir d'automne, et vient perturber le quotidien de la famille Beauchemin est aussi un bon exemple de cette figure. Plus récemment, l'auteur Suzanne Jacob, dans son livre *Rouge mère et fils* a créé un personnage de ce type qu'elle nomme justement « Le *trickster* ».

Jung et le *trickster*

Jung a été influencé par cet archétype lorsqu'il a voulu démontrer statistiquement la synchronicité dans une étude sur la formation des couples à partir des positions des planètes Mars et Vénus sur les cartes astrologiques des partenaires. Ce ne fut pas la meilleure méthode pour démontrer la synchronicité, comme le mentionne Hubert Reeves[88], et Jung a fait preuve d'une certaine naïveté dans l'interprétation des statistiques. Mais après coup, alors qu'il a voulu répéter l'expérience, il s'est rendu compte que l'effet du *trickster* avait influencé ses résultats statistiques.

Dans la passionnante correspondance entre Jung et Pauli, on remarque la présence de ce concept « d'étranger » associé à l'esprit de Mercure (Hermès). Il apparaît notamment

---

87. Germaine Guèvremont, *Le Survenant*, Montréal, Bibliothèque québécoise, Montréal, 1990, 221 pages.
88. Hubert Reeves, *La synchronicité, l'âme et la science*, *Op.cit.*, p. 19.

dans une lettre de Pauli où celui-ci fait le lien entre l'étranger et la radioactivité. Aux dires de Pauli, le but de «l'étranger» serait de «transmettre une image totale de la nature[89]». C'est exactement le but de cet archétype que de nous inciter, par l'imprévisible dont il est le porteur, à élargir notre perception du monde.

Le *trickster* invite au *jeu* et à *ne pas nous prendre trop au sérieux*. Il caractérise à la fois l'importance du jeu et la perte de temps. Dans une société de plus en plus programmée, l'archétype du *trickster* se faufile à notre insu et nous invite à la gratuité et à la spontanéité.

Lorsque nous nous prenons trop au sérieux, au risque de tomber dans l'égocentrisme, la manifestation de l'archétype du *trickster* nous permet d'ajuster notre vision du monde et de retomber les deux pieds sur terre. Il opère parfois par un non-sens, en provoquant une rupture amoureuse ou une série de rencontres qui n'ont d'autre but que de nous mettre en mouvement. Cela peut survenir lorsque nous voyons du sens partout.

Nous avons peut-être été nous-même un *trickster* : aidant une personne sans le savoir, survenant par hasard au coin d'une rue, etc… Bien souvent, nous ne prenons pas conscience de l'influence que nous avons sur des gens et du fait qu'ils ont été marqués profondément. Nous avons donc peut-être été des *tricksters* pour eux. Il serait certainement passionnant de tenter d'identifier les *tricksters* de notre vie, tous ces gens qui nous ont permis de nous «ouvrir» spontanément à de nouvelles possibilités.

Les cadres de portes

Le *trickster,* tout comme la synchronicité, est intimement lié aux moments de transition et aux passages de notre existence. Les périodes de transitions majeures comme l'adolescence ou la quarantaine prédisposent aux expériences synchronistiques. Les réorientations dans notre vie professionnelle peuvent parfois amener d'étonnantes synchronicités. Une personne

---

89. Jung-Pauli, *Correspondances, Op.cit.,* p. 79.

rencontrée par hasard peut du reste avoir un impact déterminant sur notre vie. On rencontre bien souvent les gens signi-
ficatifs dans les «cadres de portes» de notre vie, c'est-à-dire
dans des lieux inusités et dans les moments d'entrée ou de
sortie, les espaces de départ et d'arrivée, ces instants charnières de l'existence.

L'entre-deux, sphère d'activité du *trickster*, est une dimension importante pour la compréhension de la synchronicité.
L'entre-deux est cet espace où *le dedans se mêle au dehors et où le
dehors se mêle au dedans*. Dans une culture où la rationalité
domine, il n'est pas étonnant de retrouver la manifestation
de cet archétype qui tend à fournir une vision plus globale
du monde en se manifestant de façon acausale et irrégulière.

La synchronicité nous fait prendre conscience de ce lieu
intermédiaire abordé précédemment avec la notion d'aire
transitionnelle de Winnicott. Les Égyptiens vouaient un
culte aux passages et aux entre-deux, les *Douats*, et croyaient
même en leur existence réelle. Pour eux, une *Douat* désignait
le lieu que franchit le mourant vers l'au-delà et le lieu que
traverse celui qui veut s'incarner.

La peur de l'entre-deux

Lorsqu'une société n'a pas de représentation de cet espace
entre deux lieux ou entre deux états, elle peut développer
une incapacité à vivre sainement ces états nécessaires.

Cette incapacité de vivre les entre-deux est très bien
symbolisée par le personnage du psychologue dans le film
Le sixième sens. Ce personnage, joué par Bruce Willis, qui est
atteint par une balle de revolver au tout début du film est
incapable de réaliser qu'il est mort. Le scénario est écrit
pour que nous croyions, tout comme lui, qu'il est toujours
vivant. Il nous arrive tous, à certains moments de notre vie,
d'être confrontés à cette illusion, c'est-à-dire de croire que
nous sommes toujours semblables à ce que nous étions.
Nous sommes alors comme ce psychologue qui ne prend pas
conscience que quelque chose d'important s'est produit et
qui cherche à éviter le changement. Nous mourons à quelque chose, une perte par exemple, et nous refusons de
l'admettre en agissant comme si elle ne s'était pas produite.

Nous demeurons sous la Manche et nous ne voyons pas la lumière au bout du tunnel, ni les signes synchronistiques. Nous refusons l'état d'entre-deux et par le fait même, nous sommes conditionnés à y errer indéfiniment, un peu comme ce psychologue.

Entre-deux et anxiété

L'anxiété, qui traduit notre besoin de contrôle, est intimement liée à cette incapacité de tolérer les états intermédiaires. Ma profession m'amène souvent à observer les manifestations synchronistiques dans les états d'entre-deux qui annoncent des transformations. C'est par exemple le cas de Laurence.

Laurence avait eu un père extrêmement inconstant et imprévisible qui contribua grandement à cette insécurité chronique dont elle souffrait. Elle rapporta qu'elle dut faire appel à un mode de vie très strict, ne laissant aucune place au jeu et à l'improvisation. Puis, progressivement, elle fut soumise à des attaques de panique qui se manifestaient exclusivement alors qu'elle était en voyage, au cours de ses déplacements et plus particulièrement en train. Dans son cas, l'anxiété était liée à l'incapacité qu'elle avait de tolérer les entre-deux dans toutes les sphères de sa vie, et plus précisément dans ses rapports avec les autres.

Un jour, alors qu'elle devait se rendre chez une amie qui habitait à plus de six heures de route, elle prit le train. Pour tenter de diminuer son anxiété, dès que le train s'arrêtait, elle descendait et fumait une cigarette. Mais ce jour-là, alors que le train se trouvait dans une halte (elle venait d'effectuer la moitié de son parcours), elle prit plus de temps pour fumer sa cigarette et le contrôleur du train lui interdit de regagner sa place. À l'heure qu'il était, elle n'eut d'autre choix que de demeurer dans cette gare isolée. Elle dut alors vivre pleinement une expérience d'entre-deux. L'élément signifiant qu'elle rapporta elle-même en thérapie concernait le fait que cette ville était le point exact d'entre-deux, c'est-à-dire qu'elle se trouvait exactement, à ce moment-là, à mi-chemin entre chez elle et la ville dans laquelle son amie habitait.

Cet incident fâcheux aurait dû la traumatiser, mais il l'amena plutôt à se questionner sur son attitude dans les situations d'entre-deux qu'elle avait tendance à fuir. Elle rapporta que cette expérience ne l'avait alors aucunement inquiétée et qu'elle s'était sentie très calme. Ce qui lui faisait si peur, ce qu'elle cherchait tant à fuir, s'incarnait alors dans cet événement grâce auquel elle décida de lâcher prise et de s'abandonner. Elle considéra cette expérience comme le signe dont elle devait profiter pour examiner ouvertement les états de panique auxquels elle était soumise.

L'incapacité de tolérer les entre-deux se traduit bien souvent par le désir que nous avons de tout classifier et ordonner. Les variations chaotiques associées à l'archétype du *trickster* et à la synchronicité sont justement des occasions qui nous incitent à tolérer le désordre ou l'incertitude, et cela grâce à la gratuité, au jeu et à la spontanéité dont cet archétype est porteur. Cependant, l'instabilité, le désordre et le chaos font encore partie de ces territoires négligés par nos anciennes représentations cartésiennes du monde.

Chaos et créativité

Le *trickster* est donc la personnification du chaos. Chez les Égyptiens, le chaos était associé à Seth. Cette civilisation intégrait à merveille l'ordre et le désordre. Au Musée national du Caire, on trouve notamment une magnifique statue du couronnement de Ramsès III. Les dieux du chaos et de l'ordre, Seth et Horus, se tiennent de chaque côté du pharaon. Le dieu du chaos, Seth, se tient à la gauche de Ramsès, la gauche (qui provient du latin *sinister*) ayant toujours été associée au désordre, à la maladresse. Il y a d'ailleurs une expression péjorative pour désigner une personne maladroite ; on dira en effet qu'elle est *gauche*. Mais le côté gauche de la vie, son côté apparemment maladroit comme l'est le *trickster*, est nécessaire à une vision globale et créative de la réalité.

Le chaos est une phase intermédiaire de bouillonnement, un entre-deux angoissant mais nécessaire que nous avons tendance à évacuer dans nos sociétés. Cette longue traversée souterraine est parfois pénible et peut nous apparaître interminable avant que nous n'atteignions un nouvel état, un nouveau pays. Mais dans ce monde obscur des transformations, il y a le *trickster* qui, avec son rire typique et ses pas de danse, nous adresse des signes et nous indique à sa façon la voie à suivre pour sortir de l'impasse. Le *trickster*, que plusieurs traditions désignent comme l'archétype de la culture, nous incite à avancer de façon créative. Il arrive sans prévenir, il vient nous chercher, comme dans la légende du *Diable beau danseur*, il nous invite à danser avec lui. Mais pour accepter l'invitation et apprendre à danser, nous ne devons pas avoir peur de sacrifier un peu d'équilibre. Chaque mouvement de danse vers l'avant nous expose à la chute. La beauté de la danse et de la vie réside justement dans ce mince espace de jeu qui se trouve quelque part entre l'équilibre et le déséquilibre...

CHAPITRE 8

Ces lieux qui nous habitent

*L'amour élabore une géographie sacrée du monde. Cet
endroit, cette maison, ce point de vue particulier sur la
mer ou sur les montagnes, cet arbre, deviennent les
symboles sacrés de l'être aimé ou de l'amour.*

FRANCESCO ALBERONI

L'amour, ce n'est pas quelque chose, c'est quelque part.

RÉJEAN DUCHARME

Dès les premiers jours du mois de mars, quelque
200 000 oies blanches quittent les côtes de la Caroline du Nord, du Maryland et du New Jersey pour
aller nicher dans le Grand Nord canadien. Mais avant d'atteindre cette destination située à plus de 3 000 kilomètres,
elles font halte au Cap Tourmente, tout près de Québec. Les
marais d'eau saumâtres riches en rhizomes de scirpes les
attirent à cet endroit pour un repos bien mérité. Puis, vers
la fin du mois de mai, elles entament la deuxième étape de
leur voyage. Après avoir quitté les rivages du fleuve, elles

survolent la forêt boréale, le détroit d'Hudson, l'extrémité septentrionale de la terre de Baffin et trouvent finalement refuge à l'île de Bylot pour amorcer leur période de nidification.

J'ai toujours éprouvé une grande fascination en observant cette immense volée des neiges, en regardant les oies reprendre leurs forces sur les rives du Saint-Laurent au printemps. Je suis surtout intrigué par cette mémoire et cette capacité d'orientation dans l'espace qu'ont ces petites créatures. Pendant leur vie, qui dure approximativement 15 ans, les oies emprunteront le même corridor de vol chaque année, reconnaîtront les mêmes repères, affronteront les mêmes courants dans le ciel pour atteindre cet endroit isolé dans le Grand Nord.

Les motifs dans l'espace

Tout comme les oies, nous sommes attirés mystérieusement vers certains lieux. Les lieux qui nous attirent inconsciemment symbolisent bien souvent nos états intérieurs et les transformations à venir. Lieux de rencontres, lieux que nous habitons et lieux de voyages seront donc examinés dans ce chapitre.

Nous avons vu précédemment que les objets, les films, les livres ou la musique qui gravitent autour d'une relation pouvaient avoir une signification particulière et devenir des motifs synchronistiques. Il en va de même pour les lieux. Les lieux qui sont associés à nos relations laissent aussi leurs traces dans l'inconscient. Si nous les oublions, l'inconscient se chargera de nous les rappeler. Il est parfois très curieux d'observer une série de coïncidences et de rencontres liées à des lieux, à des coins d'une ville. Par exemple, je mis un terme à ma première relation amoureuse dans un café situé au coin d'une rue à Québec. Je rencontrai, plusieurs années plus tard, une femme qui habitait sur cette même rue. Quelques années après, je rencontrai encore une autre femme qui habitait au coin de la rue en question. Ces deux femmes habitaient à quelques mètres seulement l'une de l'autre. Comme si l'inconscient voulait m'indiquer que ce lieu avait un sens pour moi et que la rupture avec ma première amoureuse n'avait peut-être pas encore été acceptée.

Florence vécut une curieuse coïncidence de ce type qui eut lieu dans la ville de Boston. Elle fit dans sa vie deux séjours dans cette ville. La première fois, elle s'y rendit avec un homme qui voulait y acheter un piano dans une boutique située dans un coin assez retiré de la ville. Notons que cet homme a été très important dans la vie de Florence et que le deuil subséquent à leur rupture fut particulièrement long et pénible. Bien des années après cette rupture, alors que Florence avait pratiquement oublié cet homme et fréquentait à ce moment-là un informaticien, elle accompagna celui-ci à Boston dans un congrès d'informatique. Curieusement, ce congrès avait lieu dans un immeuble qui se trouvait sur le même coin de rue que la boutique du pianiste tant aimé! Encore une fois, l'inconscient avait concocté une de ces manifestations symboliques, cette fois autour de la boutique de piano, comme pour ramener à la conscience de Florence quelque chose qui restait peut-être encore à intégrer dans sa vie à cette époque...

Les microprocessus symboliques de ce type, qui gravitent autour des lieux associés à nos amours, sont assez fréquents. Un ami me racontait qu'après avoir rompu avec une femme qui avait tenu une place très importante dans sa vie, il se mit à fréquenter, plusieurs mois plus tard, une femme qu'il rencontra par hasard et qui habitait... juste à côté de la première, la porte voisine en fait! Ces exemples illustrent bien comment l'inconscient se souvient de lieux qui nous marquent et nous les rappelle par le déploiement des thèmes et des symboles autour des décors et des lieux clés d'une relation. Certains lieux sont comme des aimants et seront marqués par la force du sens. Les lieux, tout comme les dates que nous examinerons dans le dernier chapitre, sont mystérieusement rapatriés dans notre inconscient par le biais du sens et peuvent donc devenir des «attracteurs» pour les événements synchronistiques ou la scène symbolique de la relation à venir. Explorer la dimension symbolique des lieux que nous fréquentons peut parfois nous permettre de comprendre les enjeux et les motifs clés d'une relation passée ou présente.

Les décors symboliques de nos rencontres

Le contexte physique de la rencontre contient parfois les thèmes et les symboles de la relation à venir. Au cours d'un atelier de discussion sur la synchronicité, une participante mentionnait qu'elle a rencontré l'homme de sa vie dans un salon mortuaire. Elle racontait que le thème de la mort avait été présent sous plusieurs aspects dès le début de leur relation. Elle avait, tout comme son amoureux, perdu plusieurs membres de sa famille durant la première année qui suivit leur rencontre. La mort avait une valeur symbolique de changement d'état, de passage à une autre vie, et avait mystérieusement attiré ces deux personnes à se rencontrer dans cet endroit des plus inusités.

Il est fascinant d'observer les lieux qui ont permis à deux personnes de se rencontrer, car nous pouvons parfois y retrouver ces manifestations symboliques qui font écho à des nécessités de la relation. Comme s'il existait de curieux corridors symboliques que nous empruntons intuitivement pour aller à la rencontre d'une personne.

Dans la sphère relationnelle, nous sommes bien souvent *choisi* par un lieu, tout comme une relation nous interpelle pour nous enseigner quelque chose sur nous-même. Il est sans doute illusoire de croire que nous décidons «où», «quand» et «comment» nous rencontrerons cette personne, comme peut le laisser croire la tendance actuelle dans nos sociétés de consommation. La liste d'épicerie est une carte bien inutile pour nous orienter dans la sphère relationnelle. Il n'y a bien souvent aucune logique derrière ces attractions étranges qui nous poussent vers certains lieux de rencontre. Très souvent nous entendons des histoires comme: «Je ne devais pas me trouver là, exceptionnellement j'ai dû faire un détour, je me suis retrouvé par hasard dans telle boutique et c'est là que nous nous sommes rencontrés...» Ou bien encore: «Ce jour-là, j'avais décidé de ne pas prendre ma voiture pour aller travailler, et c'est en attendant l'autobus que j'ai rencontré la femme qui partage maintenant ma vie. Elle aussi, ce matin-là, avait décidé de ne pas prendre sa voiture à cause de la tempête de neige qu'on annonçait pour la fin de l'après-midi.» Cela illustre bien la dimension chaotique de la rencontre, qui ne tient qu'à un détail, qu'à une fraction de seconde parfois. Deux personnes se trouvent à ce moment-là dans le même lieu et un petit battement d'aile leur permet de se croiser et dans bien des cas, de transformer leur vie à jamais.

Les migrations de l'âme

Lorsque nous nous laissons porter intuitivement par les coïncidences chargées de sens, nous migrons peut-être vers les lieux de rencontre de nos amours en suivant des courants inconscients semblables à ceux que suivent les oies. Les oies ne se questionnent pas sur le sens à donner à leur vol, et pourtant elles atteignent chaque année leur lieu de nidification. Par surcroît, au fil des nombreuses années durant lesquelles elles répéteront ce rituel, soit pendant plus de 15 ans, elles parviennent toujours à retrouver leur partenaire d'origine !

Peut-être gagnerions-nous à suivre les coïncidences et les repères symboliques qui nous mènent à une personne. Notre intuition est probablement la meilleure boussole pour nous guider dans le « choix » d'une relation. Nous croyons que nos déplacements s'effectuent de façon rationnelle et individuelle, que nous en sommes maîtres, mais en réalité, ils s'inscrivent sans doute dans une dynamique collective, dans un vaste roman qui dépasse notre vie personnelle. Les battements d'ailes individuels des oies migratrices qui s'ajoutent les uns aux autres pour faire progressivement corps avec le mouvement collectif du groupe et guider la traversée, sont peut-être comme les subtiles variations des mouvements des corps qui conduisent deux personnes à un lieu de rencontre.

Lieux et mémoire

Pour le biologiste Rupert Sheldrake, les lieux ont une mémoire, une empreinte émotionnelle et instinctive qui peut être décodée. Les oiseaux migrateurs pourraient être sensibles à cette information et se diriger au moyen de ces courants. Certains peuples, comme les Inuits ou les peuples nomades du désert, par exemple, auraient cultivé cet instinct en reconnaissant des *patterns*, des motifs qui les guident dans l'espace physique. Ils seraient donc sensibles à l'âme du lieu qui fait écho à leur âme propre.

Avec ce principe de connexion par le sens où la causalité est questionnée, le rapport à l'espace l'est aussi. Dans une perspective synchronistique, le rapport symbolique aux lieux indique qu'il y a une interaction avec l'environnement davantage qu'une domination de l'espace. Habiter un lieu, c'est certes le transformer, mais c'est surtout être transformé par lui. L'espace est marqué par l'histoire, donc porteur de sens. Le lieu épouse inévitablement la forme de l'histoire qui s'y est déroulée et ce sens peut émerger à la conscience lors d'un épisode de synchronicité.

Malheureusement, cette dimension symbolique de l'espace a été grossièrement supplantée par l'ère industrielle au profit d'un rapport principalement dominateur à l'espace. James Gleick fait remarquer à ce sujet : « À une certaine époque, les forêts tropicales, les déserts, la brousse et les badlands représentèrent tout ce que la société s'efforçait de soumettre[90] ». John Fowles écrit pour sa part à propos de l'Angleterre du XVIIe siècle :

> Cette époque n'avait aucune sympathie à l'égard de la nature primordiale, insoumise. Elle était d'une sauvagerie agressive, rappelant d'une manière désagréablement envahissante la chute de l'homme, l'exil éternel du jardin de l'Éden. Même les sciences naturelles restaient essentiellement hostiles à la nature sauvage, ne la considérant que comme quelque chose à dompter, à classifier, à utiliser, à exploiter[91].

L'expérience intérieure

Si nous pouvons avoir accès à l'inconscient d'une collectivité en regardant comment elle aménage son environnement extérieur, nous pouvons faire de même avec les individus. Les lieux que nous habitons favorisent la connaissance et la rencontre avec nous-même. Nous choisissons ces lieux

---

90. James Gleick, *La théorie du chaos*, Paris, Champs Flammarion, 1989, p. 155.
91. Fowles, dans Gleick, 1989, p. 156.

en fonction de facteurs conscients, mais aussi en fonction de facteurs inconscients qui font écho à nos états d'âme. C'est comme si certains lieux nous choisissaient mystérieusement.

Faire l'inventaire des lieux où nous avons vécu peut devenir un exercice intéressant. Il peut parfois nous aider à faire des liens avec les grands passages de notre vie et avec les rencontres qui ont jalonné notre histoire à certaines époques. Dans son excellent livre intitulé *Jung : L'expérience intérieure*, Michel Cazenave a porté un regard original sur les lieux où Jung a habité. On y retrouve notamment la passion de Jung pour l'eau qui s'est imposée très tôt dans sa jeunesse. Ainsi, dès l'âge de quatre ans, Jung savait qu'il habiterait un jour près de l'eau : « Je pensais qu'on ne pouvait exister qu'au voisinage de l'eau[92]. »

Pour Jung, l'eau et la mort sont intimement associées. Cela prit forme lorsque, très jeune, il fut témoin de la mort d'un homme dans le Rhin. Il fut alors intrigué par le sang qui s'était mêlé à l'eau. D'ailleurs, c'est sous la forme d'une immense marée de sang que Jung eut une vision de la guerre, à l'automne 1913. Cette vision correspondait aussi au début de sa descente dans le vide, dans le chaos de son inconscient.

C'est dans une maison au bord du lac de Zurich, à Küssnacht, maison construite peu avant la rencontre avec Freud, qu'il trouvera le réconfort lorsque son inconscient se déchaînera et qu'il amorcera sa descente dans la Nekyia. À la mort de sa mère, un autre lieu deviendra important pour Jung : la tour de Bolligen. Il la construisit après s'être affranchi de cette bataille si difficile qu'il venait de mener avec son inconscient. Une nouvelle demeure, un nouvel état pour Jung.

À la mort de sa femme, plusieurs années plus tard, il y ajoutera une autre tour. Ainsi, les lieux où Jung a habité furent chargés de symboles et de transitions. Curieusement, le nouveau lieu portait aussi la mort. Près de cette maison

---

92. Michel Cazenave, *Jung : L'expérience intérieure*, Paris, Éditions du Rocher, 1997, p. 42.

située à proximité d'un lac, on retrouva, lors de sa construction, le cadavre d'un soldat français qui s'était noyé en
1799, ce qui n'est pas sans rappeler la mort de l'homme
dans le Rhin. Ainsi, mort réelle et mort symbolique se
côtoyaient dans ces lieux habités par Jung.

La construction et l'aménagement de cette tour suivront
de très près le processus d'individuation de Jung qui avait
alors 48 ans. Toutes sortes de péripéties entourèrent la
construction de cette demeure et je retiens notamment
celle de la pierre angulaire, parce qu'elle nous renvoie au
pouvoir créateur du hasard et de la synchronicité. Ainsi,
lorsque Jung voulut construire un mur de séparation, il com-
manda une pierre qui devait servir de fondement à sa maison. Or, lorsque la pierre en question arriva, il apparut que
les mesures de cette pierre n'étaient pas adéquates. Jung
décida de la garder et il y associa l'esprit de Mercure,
l'erreur créatrice, celle que l'on n'attend pas. Il y grava
notamment la figure de Télesphore associée au *trickster*.

Les voyages de transformation

Les lieux qui nous attirent peuvent être liés aux transformations de notre vie et peuvent être considérés comme
synchronistiques. Nous partons d'un point A pour atteindre un point B, et une transformation survient entre les
deux. Prenons l'exemple de Jung qui effectua deux voyages
marquants. Le premier chez les Indiens Taos Pueblos du
Nouveau–Mexique et le second en Afrique australe chez
les Elgonyis du Kenya, en passant par les lacs Albert et
Réjâf au Soudan, et jusqu'à la ville de Khartoum. Après
ces séjours, tout comme après son voyage dans l'inconscient, Jung revint transformé au point où il mentionna
qu'il avait besoin de quelques années pour assimiler ses
expériences. Il écrivit: «Le voyage, du fond de l'Afrique
vers l'Égypte, devint pour moi comme un drame de la
naissance de la lumière, très étroitement lié à moi–
même et à ma psychologie.» Ce voyage devint une
expérience intérieure parce que ces lieux, il les portait
déjà en lui–même et il leur fit une place réelle autant
que symbolique.

Les lieux qui nous fascinent et nous poussent à partir en voyage peuvent exprimer ou traduire des états d'âme ou des transformations qui surviennent. Nous pouvons toutefois nous sentir appelés vers un lieu et le visiter en touriste. Le tourisme de masse est un autre exemple qui perpétue une vision de l'espace où il faut posséder cet espace, le dominer. Je pense surtout au tourisme de masse qui est un héritage de la société de consommation et qui entraîne une attitude qui se retrouve dans plusieurs sphères de l'existence. On peut se comporter en touriste en voyage, mais on peut aussi être un touriste avec les gens, ou encore en psychothérapie, soit en fréquentant distraitement les cabinets de psychologues tout en se barricadant contre le changement.

Un touriste pantouflard transporte continuellement son confort illusoire partout où il se déplace. En réalité, il ne quitte jamais son pays d'origine et ne peut donc pas être transformé par le voyage ou par une rencontre. «Contrairement au voyageur qui pourrait ne jamais revenir, le touriste songe à repartir dès qu'il est arrivé», mentionne Paul Bowles[93] dans le livre *Un thé au Sahara*.

Les rencontres en voyage

L'état de voyage nous rend disponibles aux rencontres qui peuvent nous aider à débloquer une situation donnée. Pour ma part, il y avait longtemps que je voulais entrer en contact avec un groupe de discussion qui s'inspire des travaux du physicien et philosophe David Bohm. Je savais qu'il existait une telle association à Québec, mais je n'avais pas pu trouver ses coordonnées. Lors de mon embarquement à l'aéroport du Caire, soit avant de prendre l'avion qui me ramenait à Paris, j'aperçus par le plus grand des hasards un ami de Québec qui faisait justement partie du groupe de discussion en question. Il a donc pu me donner les renseignements nécessaires au moment de l'embarquement et j'appris non sans surprise que ce groupe avait ses bureaux sur la même rue que mon cabinet de consultation à Québec!

---

93. Paul Bowles, *Un thé au Sahara*, Paris, Gallimard, 1990.

Jean-Sébastien a pour sa part fait une rencontre troublante alors qu'il était entre deux vols à l'aéroport de Cleveland. Avant d'embarquer dans l'avion qui le ramenait à Montréal, il se rendit compte que son siège était situé à proximité de celui de la mère de son ex-petite amie dont il était en train de faire le deuil. Mais le plus curieux, c'est qu'il prit cet avion et fit cette rencontre deux ans jour pour jour après l'anniversaire de cette femme qui l'avait quitté! Voilà un geste du hasard qui l'aida à faire progresser le deuil d'une relation qui avait pris des proportions irréalistes au cours des dernières années.

Les aéroports et les gares sont des lieux de transitions propices à ce genre de rencontres qui semblent obéir aux lois des hasards nécessaires. C'est sans doute la raison pour laquelle j'aime tant ces lieux. Je peux passer des heures et des heures à regarder les gens s'y retrouver ou s'y séparer. Les gares et les aéroports sont des lieux propices aux synchronicités, car ils sont associés à l'archétype du *trickster*, celui qui tente de mettre du mouvement dans une situation bloquée.

Est, ouest, nord, sud : sens et direction

Les points cardinaux vers lesquels nous nous dirigeons lorsque nous voyageons sont chargés de symboles. Le fait de voyager vers l'est n'a pas la même signification que de voyager vers l'ouest. L'est est le lieu où se lève le soleil. Aller à l'est, c'est retourner aux sources, aux origines. Lorsque nous mettons le cap vers l'est, nous suivons l'archétype de cette direction, c'est-à-dire ce retour aux sources de notre histoire. Quelque part dans l'inconscient, la répétition de la naissance du soleil à l'est et de sa course vers l'ouest laisse toujours sa trace.

En revanche, l'ouest est le pays du soir, de la course descendante du soleil. Aller vers l'ouest, c'est aller vers l'inconnu, l'avenir. La conquête de l'ouest a laissé des traces dans l'inconscient. Partir pour l'Ouest a toujours eu une connotation de découverte, de défrichage. Pour les explorateurs nord-américains des siècles derniers, cette conquête correspondait à la recherche de l'or, de la richesse.

Aller vers le sud, c'est aller vers le repos. Ce pôle est davantage associé à la chaleur, aux vacances. Pour l'écrivain Jean Désy, c'est la direction associée à la civilisation, une civilisation qui a peut-être parfois perdu le nord, selon lui.

Le nord est associé à l'orientation, au sens, à la transcendance. Par exemple, utiliser l'expression « perdre le nord », c'est signaler une perte d'orientation dans notre vie, c'est perdre la tête en quelque sorte. Il est intéressant de faire l'analogie avec le vide de sens dans nos sociétés occidentales et la perte progressive du nord réel. Comme si, collectivement, nous étions en train de perdre le nord de deux façons : d'une part, concrètement par la diminution de la couche d'ozone et la formation de trous au-dessus des pôles ; et d'autre part, par la perte de sens qui s'ensuit. Le soleil brûlant de la technologie amincirait non seulement notre couche d'orientation spirituelle, mais aussi notre nord réel, planétaire.

L'appel du lieu

Bien plus que le sens géographique, certains lieux précis nous attirent. Un paysage de film, les écrits d'un auteur, la photo d'un pays inconnu suscitent une forte charge intuitive et nous ressentons alors un appel. Quelque chose que nous percevons dans le décor d'un lieu coïncide alors avec une impulsion intérieure, et il nous arrive de faire nos valises et de partir sur un coup de tête, au grand dam de notre entourage, qui ne comprend pas toujours les motifs de nos élans de troubadour.

De véritables histoires d'amour naissent au contact des lieux. Il y a des voyages qui laissent leur marque à jamais. Plusieurs années seront nécessaires avant que nous soyons capables d'en intégrer le sens, tout comme il nous faut du temps pour comprendre le sens du passage d'un être significatif dans notre existence. Ces déplacements nous invitent à développer un rapport symbolique à l'espace et au monde. Ces symboles prennent racine dans les détails apparemment anodins des décors de notre vie et nous échappent bien souvent. Ce n'est peut-être pas toujours par hasard que nous nous sentons attirés par un lieu et que nous nous y retrouvons à un certain moment de notre vie. Nous migrons vers ces lieux comme vers l'autre, par la force du sens, moteur de la synchronicité. Nous y allons afin que se produise une rencontre avec des facettes profondes de notre identité.

Le *timing* d'un voyage dans une vie, tout comme sa propriété symbolique, peut être considéré comme un écho synchronistique à ce qui se passe en nous. En répertoriant nos voyages et en y effectuant des correspondances avec des éléments de contexte, il est possible d'y découvrir les éléments de transformation dont nous avons pu bénéficier.

Des flocons de neige dans le désert

Nous avons tous nos destinations mythiques, ces lieux que nous idéalisons et qui vivent en nous. Tout comme l'homme garde au fond de lui une représentation de la femme idéale, son anima, nous avons tous notre image typée de l'Égypte, notre Sphinx, comme nous avons notre Grèce, notre Parthénon, etc. Mais la réalité ne correspond jamais tout à fait à la représentation que nous avons créée. Pour visiter un endroit avec notre âme, il faut aller au-delà de la carte postale et se laisser surprendre. Il faut savoir percevoir les moutons dans les caisses, comme l'écrivait si bien Antoine de Saint-Exupéry. L'essentiel se trouve dans le processus, dans le voyage bien plus que dans la destination. Le voyage détiendra toujours quelque chose qui manquera à la destination, tout comme le sens d'une synchronicité est un mouvement que nous ne pouvons pas fixer. Dans un voyage, il s'agira d'un petit détail, un regard unique, le sourire d'un enfant, l'image d'un coin de pays retiré que nous rapporterons dans nos bagages... En voyage, tout comme dans une synchronicité, tout est question de regard et de direction.

Le mont Sinaï et les pyramides d'Égypte étaient pour moi deux lieux profondément mythiques, comme l'image de deux femmes parfaites et idéalisées. Mais la réalité du lieu était bien différente de mes rêves. L'ascension nocturne du mont Sinaï, par exemple, s'est faite le long de boutiques de souvenirs de toutes sortes ; un peu plus et l'on y vendait des tables de la loi en chocolat! L'arrivée au sommet se fit au beau milieu d'une foule impressionnante. Les gens s'amassaient là pour y contempler le lever de soleil et le photographier. Mais il doit y avoir une ou deux journées dans l'année où le ciel se couvre, et ce fut cette nuit-là. Ce lieu, reconnu pour ses magnifiques levers de soleil, nous a fait un pied de nez. Ce fut donc, pour nous tous, une invitation à vivre une autre expérience.

Lors de la descente, il s'est mis à neiger et je n'étais pas préparé à cette éventualité. Ce fut pour moi une expérience profondément surprenante que de redescendre le mont Sinaï les vêtements couverts de neige, transi par le froid et complètement trempé. Une curieuse expérience de purification.

Lors du spectacle des pyramides, dans la nuit du 1er janvier 2000, une brume couvrait entièrement les lieux. Pour plusieurs, cette brume était un imprévu triste et désolant qui risquait de ternir l'aspect visuel du spectacle. Mais il ajoutait un caractère incroyablement mystérieux à cette nuit magique. Alors que la foule s'était dispersée autour du plateau de Gizeh, à l'entracte, vers deux heures du matin, j'eus alors la chance unique d'escalader la pyramide de Mykérinos. Grâce à cette brume indésirable, j'ai pu passer mes premiers instants de l'an 2000 au sommet de cette pyramide.

Ce fut pour moi une expérience extraordinaire que de me retrouver au sommet de cette merveille du monde, lors de ce passage particulièrement important sur le plan symbolique. Mais pour vivre pleinement cette nuit, je dus renoncer à ma nuit idéale sans nuages. En renonçant à mon image parfaite tellement souhaitée, j'ai pu me rendre disponible à l'imprévisible, soit à cette escalade mémorable.

Vers cinq heures du matin, il a commencé à pleuvoir. Et aussi incroyable que cela puisse paraître, quelques cristaux de neige se sont mis à tomber, un peu avant l'aube. L'escalade au sommet d'une pyramide et une pluie de flocons de neige dans le désert, la nuit du nouvel an, d'un nouveau siècle, d'un nouveau millénaire, c'était au fond aussi improbable et incroyable qu'une pluie de grenouilles. Et pourtant…

CHAPITRE 9

L'autre en soi : les thèmes de vie transgénérationnels

*J'ai très fortement le sentiment d'être sous l'influence
de choses et de problèmes qui furent laissés
incomplets par mes parents, mes grands-parents et
mes autres ancêtres. J'ai toujours pensé
que moi aussi, j'avais à répondre à des questions
que le destin avait posées à mes ancêtres…*

CARL GUSTAV JUNG

*Nous en avons peut-être fini avec le passé,
mais le passé n'en a jamais fini avec nous.*

EXTRAIT DU FILM *MAGNOLIA*

À Assouan, l'Égypte s'était mise à ressembler à mes rêves. Pour m'y rendre, il avait fallu effectuer la longue remontée du Nil, une lente remontée dans le temps et l'histoire. Sur les rives du fleuve sacré, les habitants vaquaient à leurs occupations quotidiennes, travaillant patiemment la terre en ignorant le temps, ce siècle et ses représentants bruyants que sont les touristes. Les ancêtres de ces paysans qui vivent aux abords du Nil ont été les témoins du passage de personnages très célèbres. C'est sur ce fleuve fabuleux que Cléopâtre tomba amoureuse de César, probablement lors de leur croisière mémorable qui les conduisit au temple de Philae situé sur une petite île tout près d'Assouan. Ce temple fut jadis dédié à la déesse favorite de la reine des reines, la déesse Isis.

La première rencontre entre Cléopâtre et César fut particulièrement symbolique. Compte tenu de l'instabilité politique d'Alexandrie, Cléopâtre s'était exilée dans le désert avant de rencontrer César. Pour rejoindre celui-ci et éviter les embuscades de l'ennemi, Cléopâtre dut se cacher à l'intérieur d'un tapis. La relation fortement passionnée qui suivit modifia à jamais le cours de l'histoire. Comme bien souvent, l'amour divise ce qui était uni et réunit ce qui était séparé. Cette relation conduisit à une division importante du monde romain. Après le meurtre de César, perpétré par des conspirateurs qui ne voyaient pas cette union d'un très bon œil, Octave dirigea la célèbre bataille d'Actium contre Cléopâtre et Marc Antoine. La défaite humiliante de ces derniers permit à la grande famille romaine de s'étendre de l'autre côté de la Méditerranée.

Le long fleuve ancestral des pharaons prit fin avec Cléopâtre, dernier maillon de la lignée des Ptolémées. Une longue tradition disparut alors sous les pas des nouveaux conquérants qui marchèrent sur un tapis symbolique déroulé par la reine égyptienne. Cette reine laissa une marque indélébile dans l'histoire, elle se donna la mort en se faisant mordre par un aspic et garda toute sa dignité, ainsi que celle de ses ancêtres, en rejoignant la mer de l'immortalité. Le corps de Cléopâtre n'a jamais été retrouvé. Sa dépouille repose probablement quelque part dans la mer, près d'Alexandrie, à l'embouchure du Nil. Depuis lors, son âme guide ceux qui s'aventurent sur le fleuve sacré.

Les motifs dans le cours du temps

Les motifs subtils et répétitifs qui se forment dans le cours du temps sont un peu comme les remous d'un fleuve. D'ailleurs, la représentation du temps telle que nous la connaissons aujourd'hui est intimement liée aux fleuves. Les crues du Nil, par exemple, à la fois bénédiction et fatalité, ont permis de développer le premier calendrier et la première mesure du passage des saisons. Une fois par année, gonflée par les pluies de la mousson éthiopienne, le fleuve déborde et déploie sur ses rives une boue noirâtre, la terre noire des Égyptiens. Ce riche limon, probablement le plus fertile de la terre, est à la merci des forces imprévisibles du Nil et de ses courants mystérieux. Une crue trop importante détruit des villages entiers tandis qu'une crue trop faible entraîne la famine.

Pour ne pas être le jouet du sort, mais aussi pour tenter de repérer le passage des saisons, les Égyptiens ont créé le premier calendrier du monde basé sur trois saisons de quatre mois chacune. Ils ont établi ce calendrier en observant les périodes d'inondations où le fleuve se répand sur la terre et la période où il se retire. C'est sur ce modèle que nos calendriers sont créés encore aujourd'hui.

Notre propre existence est elle aussi sujette à des débordements imprévisibles. Nous tentons continuellement de prévoir ces périodes afin de les éviter, mais il arrive que des courants profonds, subtils et incontrôlables interviennent. Ils peuvent prendre la forme de ces thèmes qui se répètent dans le temps à l'intérieur d'une même famille. Le mythe familial pourra alors se manifester par ce que Anne Ancelin Shützenberger nomme, dans son livre *Aïe mes aïeux!*, le syndrome d'anniversaire.

Une participante à un atelier sur la synchronicité racontait que sa cousine était morte des suites d'une grave maladie un an jour pour jour après sa sœur, qui elle, s'était suicidée. Les coïncidences autour de dates sont plus fréquentes qu'on le croit dans les familles. Comme si l'inconscient se souvenait de périodes importantes dans le roman familial et nous les rappelait en inscrivant son ordre signifiant au moyen de ces coïncidences.

Le syndrome d'anniversaire

L'inconscient a une excellente mémoire. Il marque les événements importants avec de petites bouées qu'il place un peu partout sur le fleuve de notre vie. Ces repères, qui nous préviennent alors des remous de notre histoire, se retrouvent au cœur de certains événements, les répétitions d'accidents par exemple, ou encore par le biais de maladies de naissance. Ces répétitions ont mystérieusement lieu aux mêmes dates, aux mêmes âges. Par exemple, il n'est pas rare qu'un individu développe un cancer au même âge qu'un autre membre de sa famille. Il arrive aussi, dans l'histoire d'une famille, qu'une naissance ait lieu le jour de l'anniversaire de la mort d'une personne de cette même famille.

Camille, par exemple, a eu 2 enfants dont le premier, Jean, né le 15 juin 1965, est mort à 11 mois, à la suite de complications à la naissance. L'autre enfant de Camille, Mathilde, a eu un fils, Benjamin, né le 15 juin 1990, soit 25 ans jour pour jour après la naissance de Jean. Par surcroît, Benjamin est né presque exactement à la même minute que Jean, né 25 ans plus tôt : seulement trois minutes séparent les heures des deux naissances !

La portée synchronistique de ces coïncidences a trait au sens qui lie les événements à la suite d'un choc occasionné par un drame. L'inconscient tente alors de révéler un motif important de notre histoire par la coïncidence frappante des dates. Notre vie est remplie de périodes, de dates qui nous marquent profondément et qui emmagasinent dans l'inconscient des motifs thématiques.

Il arrive fréquemment qu'une date ou une période de l'année soit teintée d'une aura de tristesse. Par exemple, un an environ après avoir vécu une déception amoureuse ou un malheur quelconque, nous pourrons ressentir du vague à l'âme en revivant cette période de l'année. Nous sommes sous l'emprise de ces états d'âme qui dévoilent les points de vulnérabilité de notre histoire personnelle, ces mauvaises périodes, ces séries noires dont nous n'arrivons pas toujours à identifier les sources.

Simone de Beauvoir est morte dans la nuit du 15 au 16 avril 1986, le jour de l'anniversaire de la mort de l'homme qui avait tenu la plus grande place dans sa vie, Jean-Paul Sartre (15 avril 1980). Elle est morte quelques années après lui, à la même date, à quelques heures de différence, au cours de la nuit. Comme si le sens défiait le principe rationnel de causalité en associant sa mort à l'homme qui avait été son compagnon de vie.

En examinant les événements qui ont marqué le roman familial, nous trouvons bien souvent la source de ces périodes noires qui résonnent encore, à certains moments, dans notre vie actuelle. John F. Kennedy a «choisi» de ne pas mettre le toit pare-balles de sa voiture à Dallas, le 22 novembre 1963, ignorant ainsi les menaces de mort, mais «oubliant» surtout que son grand-père Patrick était mort un 22 novembre (1858).

Transmission des traumatismes

Il est étonnant de constater comment l'inconscient peut arriver à influencer le cours des événements en y inscrivant un ordre narratif. Shützenberger parle même de la possibilité que certains accidents de voiture puissent être influencés par l'histoire familiale[94]. Elle donne par exemple le cas de cette infirmière qui eut un accident de voiture en allant reconduire sa fille de 4 ans alors qu'elle-même avait 28 ans. Or, cette femme avait elle aussi eu un accident de voiture sur cette même route, au même endroit alors qu'elle avait elle-même quatre ans.

Ou bien encore, elle donne l'exemple de ce médecin de 27 ans[95] qui eut un accident de voiture, rue Mozart à Paris, alors qu'il allait reconduire son fils de 6 ans à sa première journée d'école. Lui aussi avait eu un accident de voiture à l'âge de six ans, sur cette même rue et à la même période, alors qu'il se rendait avec son père à sa première journée d'école. La rentrée scolaire était pour lui et pour toute sa

---

94. Anne Ancelin Schützenberger, *Aïe, mes aïeux ! Liens transgénérationnels, secrets de famille, syndrome d'anniversaire et pratique du génosociogramme*, Paris, Épi/La Méridienne, p. 128.
95. *Ibid*, p. 128.

famille une période de grandes tensions et d'extrême vulnérabilité.

Devrions-nous en déduire que l'état de vulnérabilité dans lequel se trouve une personne peut-être considéré comme un point d'attraction pour d'autres accidents, comme par une mystérieuse contagion traumatique? Susan Mirow[96], psychiatre et professeur de psychiatrie au département de médecine de l'Université de l'Utah, étudie depuis plusieurs années les rythmes ultradiens des gens qui ont vécu des traumatismes. Les rythmes ultradiens sont les rythmes qui se déroulent à l'intérieur de 24 heures et que l'on retrouve dans tous les organismes vivants. Ils permettent de réguler notre vie biologique un peu à la façon d'une horloge qui synchroniserait à la fois les rythmes de reproduction des cellules, le rythme cardiaque, le rythme respiratoire, les rythmes du sommeil, etc. La régulation et la souplesse de ces rythmes ont une influence considérable sur nos états psychologiques et nos rapports sociaux.

Mirow a démontré, en mesurant les rythmes ultradiens des gens qui ont vécu des traumatismes importants, qu'il y a dans ces rythmes une réduction significative de leur complexité. C'est-à-dire que les sujets réagissent par une élévation de la rigidité ou plutôt une mécanisation de ces rythmes qui se maintient avec le passage du temps. Cette rigidité serait davantage associée à la maladie et à la mésadaptation, comme nous l'avons vu dans le chapitre 4 illustrant le battement trop mécanique du cœur qui conduit à la mort. Mais le plus intéressant, c'est que Mirow a découvert que la rigidité et la forme de ces rythmes ultradiens se transmettent de génération en génération[97].

Une des caractéristiques d'un traumatisme est la répétition, c'est-à-dire qu'une personne ayant vécu un trauma-

---

96. Susan Mirow, *Co-morbidity of Post-traumatic Stress Disorder and Obsessive Compulsive Disorder: Affect and Regulation and Chaos Theory*, Communication présentée au 9e congrès annuel de la Society for Chaos Theory in Psychology and Life Sciences de Berkeley en 1999.
97. Susan Mirow, *Intergenerational Transmission of Trauma: Ultradian Rhytms as Biological Transducers*, Communication présentée à la European Society of Traumatic Stress Studies, Turquie, 1998.

tisme va le revivre constamment, soit par le biais de phobies, soit en faisant des cauchemars à répétition. Dans une perspective holistique et systémique, ces répétitions cauchemardesques pourraient alors devenir les thèmes de vie que ces gens, qui ont subi un traumatisme, lèguent à leurs enfants.

Ainsi, nous avons peut-être là, par la mesure de ces rythmes, une trace de la transmission des traumatismes, les *unfinished business* d'une famille. Aussi incroyable que cela puisse paraître, cette rigidité pourrait sans doute se manifester dans les détails d'événements objectifs que constituent les répétitions thématiques des accidents à des périodes de grande vulnérabilité. Nous obéissons alors inconsciemment à une espèce d'horloge familiale et reproduisons les drames de notre famille bien malgré nous, à la date précise où ils ont eu lieu, tel que dictés par cette horloge.

En puisant dans notre histoire personnelle et familiale, nous trouvons des thèmes qui reproduisent des malheurs ou des coïncidences parfois dramatiques. Les accidents, les maladies et les décès suivent mécaniquement la forme de ces points d'attraction autour de dates et de périodes, et sont certainement les plus mystérieuses manifestations de la «loyauté inconsciente familiale».

La loyauté inconsciente familiale

La *loyauté inconsciente familiale* est l'un des concepts clés du psychiatre hongrois Ivan Boszormrnyi-Nagy, cofondateur de l'approche transgénérationnelle. Ce concept signifie que dans une famille, il y aurait en quelque sorte des «comptes familiaux» transmis de génération en génération. C'est-à-dire qu'inconsciemment, les enfants seraient redevables à leurs parents de ce qu'ils leur laissent afin de demeurer fidèles à une loyauté inconsciente. Les comptes familiaux correspondent à l'ensemble des acquis d'une famille, acquis auxquels nous devons demeurer fidèles. Si nous nous retrouvons avec un compte en souffrance, nous hériterons d'une dette.

J'ai un client qui utilise l'expression «encaisser la facture» pour désigner ces comptes familiaux envers sa mère. Il avait l'impression, me disait-il, que sa mère l'aimait à condition qu'il «encaisse la facture», soit faire ce que sa mère exigeait de lui pour être aimé en retour. Plus souvent qu'autrement, cette facture est inconsciente. La dette familiale se développe par des comportements stricts et rigides et des répétitions inconscientes.

Parmi les manifestations de la loyauté familiale, il y a ce que Vincent de Gaulejac[98] nomme *la névrose de classe*. La névrose de classe, c'est l'obligation morale à laquelle se soumet un individu de ne pas dépasser le niveau social de sa famille afin de préserver cette loyauté. Ainsi, nous observons ce cas typique d'une personne aux prises avec des maux d'estomac terribles la veille d'un examen très important, pour devenir avocat, par exemple. Dans des cas plus dramatiques, nous observons des personnes échouant à leurs examens de façon répétitive, cette répétition pouvant traduire leur incapacité à se libérer de cette loyauté invisible.

Les célibats forcés et les bouées symboliques

Nous trouvons une similarité de ce phénomène dans le cas des rencontres qui sont évitées de façon inconsciente. Par exemple, la loyauté inconsciente pourra être le motif refoulé du célibat d'une personne qui craint inconsciemment d'être déloyal envers son père ou sa mère en enfreignant des règles familiales implicites. On peut ainsi «tourner» sur un attracteur fixe et non créatif en répétant le *pattern* qui nous est imposé par le mythe familial. Il y a des personnes qui manquent tous leurs rendez-vous ou à qui il arrive toutes sortes de problèmes lorsque, par exemple, un ami a concocté une rencontre afin de leur présenter une personne qui pourrait les intéresser. Ou encore, un garçon attaché à sa mère d'une façon excessive écarte toutes les occasions de rencontres ou se lie avec des femmes dont la relation sera impossible. Il arrive aussi qu'une femme attende la mort de sa mère avant d'accueillir favorablement le hasard qui aura placé «mystérieusement» un homme sur son chemin.

---

98. Vincent de Gaulejac, *L'histoire en héritage: Roman familial et trajectoire sociale*, Paris, Desclée de Brouwer, 1999.

Nous pouvons observer le travail de l'inconscient à travers la répétition de ces scénarios défaillants. Il faut parfois plusieurs répétitions pour reconnaître les thèmes sous-jacents à ces scénarios de vie. Les répétitions de dates et de coïncidences sont à la fois des répétitions et des tentatives de guérison. En psychologie, on parle du principe des trois R : *Répéter* pour ensuite *Reconnaître* et finalement *Réparer*. Les répétitions des scénarios familiaux inconscients font partie des microprocessus symboliques qui peuvent devenir conscients. Ils sont alors comme ces petites bouées qui nous indiquent les courants défavorables et la route à suivre à condition qu'on les remarque.

La synchronicité typique, avec son incroyable force de sens, agirait plutôt, à la différence de ces petites bouées symboliques, à la manière d'un phare. Un phare qui se dresse sur notre chemin en tentant de modifier radicalement la trajectoire de notre vie lorsque le danger de naufrage devient trop grand.

Un outil pour identifier les motifs de vie

La répétition de nos thèmes de vie est un volet important de ce livre. La carte synchrone des événements familiaux[99] peut alors être utile pour identifier ces répétitions. Pour réaliser cette carte, il suffit d'interroger les parents et les grands-parents afin de découvrir les dates importantes de l'histoire familiale ainsi que celles qui correspondent à des événements précis. La carte synchrone permet d'identifier les événements importants dans la vie d'un parent, d'un frère, d'une sœur, et de mettre ces événements en parallèle avec notre propre vie (Quand ces événements se sont-ils produits ? De quelle façon ? Avons-nous vécu la même chose au même âge ? Etc.) De la sorte, il sera plus facile de faire émerger à la conscience cette loyauté inconsciente. Cette carte permet d'observer les *patterns* répétitifs qui se dégagent de notre mythe familial.

---

99. Proposée par Anne Ancelin Shützenberger dans son livre *Aïe mes aïeux !*, *Op.cit.*, p. 50.

De cette façon, nous pourrons par exemple retracer le fil qui s'est mystérieusement tissé autour de trois sœurs qui sont tombées enceintes au même âge, à des dates similaires, et dans le même intervalle de temps entre la rencontre initiale avec leur conjoint et la date de conception de l'enfant.

Nous espérons ne jamais répéter les erreurs de nos parents. Pourtant, il arrive que nous reproduisions les mêmes scénarios, particulièrement dans les rapports de couple. Dresser notre propre carte des rencontres peut être éclairant. Quelles sont les personnes importantes de notre vie? À quelle période les rencontres se sont-elles produites? Quelles étaient les éléments symboliques du contexte, la configuration des rencontres? Y a-t-il lieu de faire des parallèles avec la façon dont nos parents et nos grands-parents se sont rencontrés?

Sophie, par exemple, a découvert, bien après sa rencontre avec Alexandre, qu'ils avaient tous deux un arrière-grand-père «né de père inconnu». Tous deux portaient en eux un mystère dans leur filiation et s'en sentaient honteux. C'est ce secret de famille minutieusement dissimulé qui les a unis. En revanche, c'est ce même secret qui a contribué, de façon inconsciente, à les empêcher de concevoir un enfant, un «descendant de bâtard», alors que ni l'un ni l'autre n'était stérile…

Les enfantômes[100]

Parmi les répétitions mystérieuses de la loyauté inconsciente, on retrouve le phénomène des enfants de remplacement. Les enfants de remplacement sont ceux qui naissent à la date précise à laquelle un autre enfant, issu de la même famille, est décédé. Comme si l'inconscient de la mère se projetait dans l'inconscient de l'enfant à naître. Par exemple, Vincent Van Gogh semble avoir été un «enfant de remplacement». Le célèbre peintre est né le 30 mars 1853, soit un an jour pour jour après la mort d'un autre Vincent, son frère aîné, dont la famille ne voulut jamais parler. Vincent

---

100. Titre d'un roman de Réjean Ducharme.

Van Gogh a dû porter seul ce fardeau (remplacer son frère), ce qui contribua probablement au destin tragique que nous connaissons.

Ainsi, une mort prématurée laisse une trace dans l'inconscient et ce traumatisme continue de hanter la famille. Le terme du «fantôme» a été repris par deux psychanalystes freudiens d'origine hongroise, Nicolas Abraham et Maria Török, pour illustrer ce phénomène. Selon ces auteurs, «le fantôme est une formation de l'inconscient qui a pour particularité de n'avoir jamais été consciente[101]». Le fantôme serait donc la transmission du secret d'un inconscient à un autre. La personne qui reçoit le secret *ne connaît pas le secret*, bien souvent un secret honteux, mais sera inconsciemment *habitée par ce fantôme*. Saint Augustin disait à ce propos: «Les morts ne sont pas des absents, ils sont des invisibles[102].» S'occuper des morts lorsque nous sommes vivants peut permettre de les enterrer définitivement et de faire taire leur voix manipulatrice.

Magnolia

Le film *Magnolia* traite notamment de la loyauté inconsciente. Au cours d'une émission de radio, le psychanalyste Pierre Ringuette[103] a brillamment analysé ce film en s'attardant au thème des conflits vécus par les parents et dont l'enfant héritera. Au tout début du film, on assiste à une scène où un policier trouve un cadavre caché dans un placard, image explicite indiquant que quelque chose de honteux demeure caché quelque part. Par ailleurs, le narrateur, au début du film, mentionne une série de coïncidences, dont celle qui advient lors d'une querelle qui oppose une femme à son mari. Cette même femme tire accidentellement sur son fils, le jeune Sydney Baringer, au moment où il tente de se suicider en se lançant du haut du toit de l'édifice où il habite. Aussi incroyable que cela puisse paraître, la balle l'atteint et

---

101. Abraham et Török, *L'écorce et le noyau*, p. 429 cité dans *Aïe, mes aïeux!*
102. Anne Ancelin Schützenberger, *Aïe, mes aïeux!*, *Op.cit.*, p. 1.
103. Propos tirés de l'émission *Projections* du 22 août 2000, avec Pierre Ringuette, à la station CKRL–FM de Québec.

le tue au moment exact où il passe devant la fenêtre de l'appartement où se disputent ses parents.

Voilà une belle illustration symbolique du conflit des parents qui se répercute sur la vie de leur enfant, lequel a choisi le suicide, un moyen violent qu'il emprunte afin de faire cesser un conflit familial non résolu. Rappelons que dans le film, le jeune Sydney avait préalablement chargé le fusil qui servit à son propre meurtre. Il avait fait ce geste en espérant que, lors d'une autre de leurs sempiternelles querelles, sa mère finirait par tirer réellement sur son mari. L'écrivain français Gilbert Cesbron a écrit une phrase qui résume très bien le film : « La flèche qui tua l'oiseau avait été empennée avec les plumes de son père. »

Tout le film *Magnolia* tourne autour de cette idée de conflits non résolus entre les parents, conflits qui refont surface dans la vie des enfants. Dans la scène du jeu questionnaire par exemple, nous remarquons cette guerre symbolique entre les parents et les enfants, guerre dont l'enjeu est d'extirper les secrets aux enfants[104]. L'animateur pose une foule de questions au petit génie qui est aux prises avec un désir de réussite non assumé par son père. L'enfant devient en quelque sorte le petit chien savant qui appuie mécaniquement sur les boutons d'un jeu questionnaire. Nous y voyons là toute la thématique du drame de l'enfant doué développé par la psychanalyste Alice Miller.

Mais le personnage du petit génie va rompre avec cette filiation abusive envers son père en s'y opposant. Il urine dans son pantalon en plein jeu, ce qui crée évidemment le chaos et déstabilise tous les personnages. Il refuse cette filiation malsaine et s'affirme comme un être créateur au lieu d'être le simple dépositaire des désirs non assumés du père.

Ce geste de l'enfant aura un écho symbolique immédiat dans le film. Alors que la situation de chaque personnage paraît bloquée, une pluie de grenouilles viendra illustrer de

---

104. Le titre du jeu questionnaire est d'ailleurs « What do kids know ? »

façon synchronistique cette transformation qu'amorcera par la suite chacun des personnages. Mystérieusement, cette pluie de grenouilles chaotique rafraîchira la vie des personnages, comme si chacun de ces êtres blessés venait enfin de trouver le morceau manquant du casse-tête. D'ailleurs, lors de cette pluie inusitée, l'une des grenouilles tombera sur le fusil d'un personnage qui essayait alors de se suicider. L'intervention des grenouilles empêchera donc la répétition du motif du suicide et apportera quelque chose de créatif en épargnant la vie de cet homme.

Récrire le thème de sa vie

Nous n'échapperons pas au thème de notre histoire. Mais heureusement, des pluies de grenouilles surviennent parfois dans notre propre vie afin de nous permettre de la revisiter en exerçant notre créativité. La quête de notre histoire, par le biais de notre roman familial (qui inclut bien sûr la synchronicité et les microprocessus symboliques) facilite le développement de ce rapport au monde créatif. « L'homme est le produit d'une histoire dont il cherche à devenir le sujet », affirme Gaulejac dans son livre *L'histoire en héritage*. Seule la conscience peut lui permettre d'être un sujet. Autrement, il demeure un objet mécanique soumis aux ballottements de ces courants inconscients et aux lois répétitives et mécaniques des attracteurs fixes. Nous ne sommes pas des systèmes linéaires et déterminés à l'avance comme l'aurait décrit le modèle déterministe classique par le mouvement rigide des pendules. Bien que notre histoire personnelle soit produite en partie par celle des autres, notre propre roman créatif contribue à enrichir celui de la société[105].

Dans cette société tournée vers l'avenir et préoccupée par les progrès technologiques, l'absence de moyens créatifs pour élaborer les répétitions de l'histoire passée de nos générations précédentes devient lourde de conséquences. Car

---

105. Vincent de Gaulejac, *L'histoire en héritage : Roman familial et trajectoire sociale*, *Op.cit.*, p. 84.

ce manque de moyens, cette atrophie du sens et du monde symbolique, a bien souvent pour conséquence de nous placer sur la trajectoire répétitive et mécanique de la violence. Ou pire, certains de nos enfants sont ainsi cantonnés dans des rôles programmés de petits consommateurs robotisés, comme l'est le petit génie du film *Magnolia* avant la pluie de grenouilles.

Il n'est certes pas facile de repérer ces coïncidences sur les branches du réel et d'en extraire le sens, car nous apprenons à tout interpréter mécaniquement au pied de la lettre, comme un ordinateur. L'atrophie du monde symbolique ne fera que s'intensifier dans un monde où tout nous est donné tout cuit dans le bec, déjà mâché pour nous. Il y a donc lieu d'éduquer la fonction de sens par l'observation critique et intuitive des coïncidences chargées de sens dans notre vie et notre histoire familiale. Aucun livre, aucun ordinateur ne pourra vous dire ce que signifie telle coïncidence ou telle rencontre dans votre vie. Trouver le sens de ces coïncidences nous appartient, comme le chemin unique de notre réalisation.

Tel le musicien qui se retrouve au beau milieu d'une symphonie déjà en marche, notre symphonie personnelle débute avec des thèmes qui s'inscrivent dans une longue histoire. La rencontre de deux personnes témoigne à merveille de cette histoire. Deux histoires se transcendent dans une histoire plus grande, deux instruments s'harmonisent et participent à une œuvre qui les dépasse. Mais encore faut-il prendre le temps d'écouter et de réécouter les motifs de notre histoire passée pour trouver la façon juste et unique de les jouer. Si nous jouons faux, ou pire, si nous répétons mécaniquement les notes de quelqu'un d'autre, toute la symphonie s'en ressent.

Nous pouvons demeurer sourds à ces motifs symboliques qui résonnent subtilement dans nos relations. Nous pouvons faire fi des abeilles qui viennent mourir dans le cheveu de l'être aimé après une rupture douloureuse. Nous pouvons fermer les yeux devant ces coïncidences étonnantes qui attirent dans notre vie des œuvres apaisantes à des moments où nous en avons le plus besoin. Nous pouvons ignorer les indices qui nous orientent vers des lieux qui seront déterminants pour nos rencontres. Nous pouvons croire que les coïncidences chargées de sens ne sont que le fruit d'une hallucination projective et qu'elles sont associées à une faiblesse de la raison. Nous pouvons nous assurer que ces hasards ne sont pas nécessaires et qu'ils ne se produisent que dans les films ou les romans. Mais en nous privant d'une telle facette de la réalité, nous nous privons d'une des dimensions essentielles de la vie : celle de la beauté.

CONCLUSION

La synchronicité est probablement la notion qui valut à Jung le plus de critiques. La plupart de ses opposants le traitèrent de mystique et un béhavioriste a même dit un jour qu'il fallait être un peu fou pour envisager une telle hypothèse. Certes, la synchronicité ne se laisse pas étudier facilement. Pour ma part, j'ai simplement voulu émettre quelques hypothèses sur le sujet, au meilleur de ma connaissance. Ce livre est avant tout un processus d'exploration dans les territoires de l'acausalité et de l'irrationnel destiné à montrer comment une vision synchronistique et symbolique de la réalité est utile pour contrebalancer le poids d'une vision du monde froide, rationnelle et mécanique.

Est-ce que la synchronicité est un concept scientifique ? Dans l'état actuel de la science, il est difficile de répondre par l'affirmative. Toutefois, la science telle que nous la connaissons n'est apparue dans nos sociétés que depuis quelques centaines d'années. La science, un peu comme n'importe quel mythe, est avant tout un système de pensée capable de nous expliquer le monde grâce à des rites et des croyances qui lui sont propres et qui peuvent varier au fil du temps. La science est très utile pour répondre aux grandes questions de notre époque, mais cette époque traverse de grands bouleversements, particulièrement en ce qui concerne la quête de sens, domaine qui échappe encore à la science.

Avec son panthéon de spécialistes et de déterministes, le dieu causalité qui règne en maître dans le corpus scientifique commence à être ébranlé par cette crise. Déjà, avec les nouvelles sciences de la complexité, la théorie du chaos et les percées de la physique quantique, nous commençons à élargir les paramètres de la science. Peut-être la synchronicité quittera-t-elle sa position hérétique et trouvera-t-elle son chemin dans un paradigme scientifique renouvelé.

L'acausalité, ou la connexion par le sens si chère aux traditions orientales du Tao, s'impose de plus en plus comme un ordre de relation nécessaire pour embrasser la totalité du monde. La synchronicité est toutefois un principe de gratuité qui peut choquer la raison conditionnée à tout calculer et mesurer. C'est peut-être pourquoi elle a tendance à nous échapper dans un monde de plus en plus programmé qui croit de moins en moins aux mouvements spontanés de l'âme.

Ce livre est peut-être entré dans votre vie grâce à un ami, à la suite d'une visite imprévue chez un libraire ou par je ne sais quel « hasard ». Il s'est introduit dans votre existence à un moment précis, faisant peut-être écho à des préoccupations actuelles. Il vous aidera, je l'espère, à amorcer un dialogue avec l'inconnu, celui qui traverse notre vie, qui nous bouleverse et nous questionne tout comme *le Visiteur*.

Dans un monde qui tente de s'unifier par des réseaux de toutes sortes, notre vie quotidienne est influencée dans ses moindres détails par une foule d'inconnus. De savoir que mon quotidien ne dépend parfois que de l'effet d'un petit papillon dans un ordinateur à Pékin n'est pas sans susciter une certaine crainte dans mon rapport à l'autre et dans mes illusions d'omnipotence. De savoir que les rencontres déterminantes de la vie ne sont parfois qu'une question de détails qui échappent au contrôle de la raison et qu'ainsi, certaines personnes peuvent bouleverser totalement mon existence est tout aussi déstabilisant.

Mais accepter le chaos, accepter d'être déstabilisé, est peut-être la voie à suivre pour atteindre de nouveaux horizons. Le petit papillon insaisissable de Psyché, ce souffle que les Grecs associaient si justement à l'âme, transporte peut-être ce vent de changement qui pourra se répercuter jusqu'aux contrées lointaines et mystérieuses de ce pays si fascinant qu'est la rencontre avec l'autre.

Vieux Port de Québec
printemps 2001

BIBLIOGRAPHIE

ALBERONI, Francesco. *Le choc amoureux*, Paris, Ramsay, 1984.

ALBERONI, Francesco. *L'érotisme*, Paris, Ramsay, 1987.

ALBERONI, Francesco. *L'amitié*, Paris, Ramsay, 1985.

ANCELIN SHÜTZENBERGER, Anne. *Aïe, mes aïeux! Liens transgénérationnels, secrets de famille, syndrome d'anniversaire et pratique du génosociogramme*, Paris, Épi/La Méridienne, 1994.

ANDERSEN, Hans Christian. *Contes*, Paris, Flammarion, 1970.

AUSLOOS, Guy. *Compétence des familles : Temps, chaos et processus*, Paris, Erès, 1995.

BAK, Per. *Quand la nature s'organise : Avalanches, tremblements de terre et autres cataclysmes*, Paris, Flammarion, 1999.

BARERJEE, Maria Nemcova. *Paradoxes terminaux : Les romans de Milan Kundera*, Paris, Gallimard, 1990.

BAUER, Jan. *L'amour impossible*, Montréal, Le Jour, éditeur, 2000.

BOBIN, Christian. *Souveraineté du vide : Lettres d'or*, Paris, Éditions Gallimard, 1995.

BOBIN, Christian. *La part manquante*, Paris, Éditions Gallimard, 1989.

BOLEN, Jean Shinoda. *Les Tao de la psychologie : La synchronicité et la voie du cœur*, Paris, Éditions Mercure de France, Le Mail, 1983.

BOURNEUF, Roland. *Venir en ce lieu*, Québec, L'instant même, 1997.

BOWLES, Paul. *Un thé au Sahara*, Paris, Gallimard, 1990.

BRUCKNER, Pascal. *L'euphorie perpétuelle – Essai sur le devoir de bonheur*, Paris, Grasset, 2000.

BÜTZ, Michael. *Chaos and Complexity : Implications for Psychological Theory and Practice*, New York, Taylor and Francis, 1997.

BÜTZ, Michael et Linda CHAMBERLAIN. *Strange Attractors : Chaos, Complexity, and the Art of Family Therapy*, New York, John Wiley & Sons, Inc., 1996.

BÜTZ, Michael et Linda CHAMBERLAIN. *Clinical Chaos : A Therapist's Guide to Nonlinear Dynamics and Therapeutic Change*, New York, Taylor and Francis, 1998.

CAPRA, Fritjof. *The Web of Life*, New York, First Anchor Books Edition, 1996.

CAZENAVE, Michel. *Jung : L'expérience intérieure*, Paris, Éditions du Rocher, 1997.

CAZENAVE, Michel, Hubert REEVES *et al. La synchronicité, l'âme et la science*, Paris, Albin Michel, 1995.

CHEVALIER, Jean. *Le dictionnaire des symboles*, Paris, Robert Laffont, 1982.

COELHO, Paulo. *L'alchimiste*, Paris, J'ai lu, 1999.

COLLECTIF. *La légende arthurienne : Le Graal et la table ronde*, Paris, Robert Laffont, 1989.

COMBS, Allan et Mark HOLLAND. *Synchronicity : Science, Myth, and the Trickster*, New York, Paragon House, 1990.

COMBS, Allan. *Radiance of Being : Complexity, Chaos and the Evolution of Consciousness*, St. Paul, Paragon House, 1996.

CONFORTI, Michael. *Field, Form and Fate : Patterns in Mind, Nature and Psyche*, Woodstock, Connecticut, Spring Publications, 1999.

CYRULNIK, Boris. *Un merveilleux malheur*, Paris, Odile Jacob, 1999.

DÉSAUTELS, Jacques. *Dieux et mythes de la Grèce ancienne*, Québec, Presses de l'Université Laval, 1988.

DÉSY, Jean. *Le coureur de froid*, Québec, XYZ Éditeur, 2001.

DÉSY, Jean. *Le nœud sacré : Essai sur la synchronicité*, Laval théologique et philosophique, n° 52, 1996, p. 179-198.

DORAIS Michel. *La mémoire du désir : Du traumatisme au fantasme*, Montréal, VLB, 1995.

FABER, Mel. *Synchronicity, C.G. Jung, Psychoanalysis, and Religion*, Westport, Praeger, 1998.

FRAIN, Irène. *L'inimitable Cléopâtre*, Paris, Fayard, 1998.

FRANZ, Marie Louise von. *Nombre et temps : Psychologie des profondeurs et physique moderne*, Paris, Fontaine de Pierre, 1978.

GANDON, Odile. *Dictionnaire de la mythologie grecque et latine*, Paris, Hachette, 1992, p. 232-233.

GAULEJAC, Vincent de. *L'histoire en héritage : Roman familial et trajectoire sociale*, Paris, Desclée de Brouwer, 1999.

GUÈVREMONT, Germaine. *Le Survenant*, Montréal, Bibliothèque Québécoise, 1990.

GLEICK, James. *Faster : The Acceleration of Just About Everything*, New York, Pantheons Books, 1999.

GLEICK, James. *La théorie du chaos : Vers une nouvelle science*, Paris, Champs Flammarion, 1989.

GOETHE, Johann Wolfgang von. *Les affinités électives*, Paris, Gallimard, 1954.

GONTAR, Victor, «Theoretical Foundation of Jung's "Mandala Symbolism" Based on Discrete Chaotic Dynamics of Interacting

Neurons», *Discrete Dynamics in Nature and Society,* Vol. 5, N° 1, 2000, pp. 19–28.

GUILLEBAUD, Jean-Claude. *L'esprit du lieu,* Paris, Arléa, 2000.

HOPCKE, Robert. «On the Threshold of Change: Synchronistic Events and Their Liminal Context in Analysis», *Chiron,* 1991, p. 115–132.

HUMBERT, Elie. *Jung,* Paris, Éditions Universitaires, 1983.

JACOB, Suzanne. *Rouge mère et fils,* Paris, Seuil, 2001.

JASMIN, Robert. *Le temps d'Alexandre,* Québec, Éditions Papyrus, 1989.

JUNG, Carl Gustav. *Les types psychologiques,* Genève, Librairie de l'Université Georg & Cie, S.A., 1958.

JUNG, Carl Gustav. *Réponse à Job,* Paris, Buchet/Chastel, 1964.

JUNG, Carl Gustav. *Ma vie, souvenirs, rêves et pensées,* Paris, Gallimard, 1973.

JUNG, Carl Gustav. *Les racines de la conscience,* Paris, Buchet/Chastel, 1971.

JUNG, Carl Gustav. *Psychologie et alchimie,* Paris, Buchet/Chastel, 1970.

JUNG, Carl Gustav. *Synchronicité et paracelsica,* Paris, Albin Michel, 1988.

JUNG, Carl Gustav et Wolfgang PAULI. *W. Pauli/C.G. Jung Correspondance 1932-1958,* Paris, Bibliothèque Albin Michel Sciences, 2000.

JUNG, Carl Gustav. *Mandala Symbolism,* Princeton, Princeton University Press, 1973.

JUNG, Carl Gustav. *Commentaires sur la fleur d'or,* Paris, Albin Michel, 1979.

JUNG, Carl Gustav. *Dialectique du moi et de l'inconscient,* Paris, Gallimard, 1964.

KEUTZER, Karolyn. «Synchronicity in Psychotherapy», *Journal of Analytical Psychology,* 1984, Vol. 29, p. 373–381.

KUNDERA, Milan. *L'immortalité,* Paris, Gallimard, 1993.

KUNDERA, Milan. *L'insoutenable légèreté de l'être,* Paris, Gallimard, 1984.

KUNDERA, Milan. *La plaisanterie,* Paris, Gallimard, 1985.

KUNDERA, Milan. *La lenteur,* Paris, Gallimard, 1995.

MAILLARD, Christine. *Les sept sermons aux morts de Carl Gustav Jung: Du Plérome à l'Étoile,* Nancy, Presses universitaires de Nancy, 1993.

MANSFIELD, Victor. *Synchronicity, Science and Soul Making,* Chicago, Open Court, 1995.

MASTERPASQUA, Frank et Phyllis PERNA. *The Psychological Meaning of Chaos: Translating Theory into Practice,* Washington, American Psychological Association, 1997.

MIROW, Susan. *Intergenerational Transmission of Trauma: Ultradian Rhythms as Biological Transducers,* Communication présentée à la European Society of Traumatic Stress Studies, Turquie, 1998.

MIROW, Susan. *Co-morbidity of Post-traumatic Stress Disorder and Obsessive Compulsive Disorder: Affect and Regulation and Chaos Theory,*

Communication présentée au 9ᵉ Congrès annuel de la Society for Chaos Theory in Psychology and Life Sciences de Berkeley, 1999.

PEAT, F. David. *Synchronicity: The Bridge Between Matter and Mind,* New York, Bantam Books, 1987.

PEAT, F. David et John BRIGGS. *Seven Lessons of Chaos,* New York, Harper Collins Publishers, 2000.

PROGOFF, Ira. *Jung, Synchronicity, and Human Destiny: C.G. Jung's Theory of Meaningful Coincidence,* New York, Julian Press, 1973.

RINGUETTE, Pierre. *Quelques effleurements,* Mémoire de maîtrise présenté à la Faculté des Études Supérieures, Université Laval, Québec, 1994.

SAINT-EXUPÉRY de, Antoine. *Le petit prince,* Paris, Gallimard, 1995.

SCHMITT Éric-Emmanuel. *Le Visiteur,* Paris, Actes Sud Papiers, 1994.

SOKAL, A. BRICMONT, Jean. *Impostures intellectuelles,* Paris, Éditions Odile Jacob, 1997.

STOPPARD, Tom. *Arcadia,* Arles, Actes Sud, 1998.

VAN EENWYNCK, John. *Archetypes and Strange Attractors: The Chaotic World of Symbols,* Toronto, Inner City Books, 1997.

VÉZINA, Jean-François. «Structure et transformations: Du rôle du chaos dans le développement de la personnalité», *Revue québécoise de psychologie* (accepté pour publication, en révision).

VÉZINA, Jean-François. *L'ère des autoroutes: Le défi du rapport à l'autre dans une culture narcissique,* Actes du 3ᵉ Congrès «Et si la beauté pouvait sauver le monde?», Louvain-La-Neuve, Belgique, 1998.

VÉZINA, Jean-François. «La ficelle virtuelle», *Carnet Psy,* nᵒ 47, juillet-août 1999.

VÉZINA, Jean-François. «Chaos et complexité: Les bases d'une nouvelle psychologie?», *Psychologie Québec,* novembre 1998, p. 20–21.

VÉZINA, Jean-François. «Trauma et chaos psychologique: Des incontournables à relier», *Frontières,* UQAM, Vol. 10, nᵒ 3, hiver-printemps 1998, p. 26–30.

VÉZINA, Jean-François. *Du complexe personnel à la complexité collective: Une relecture métaphorique de Jung à partir de la théorie du chaos,* Essai de Maîtrise en Psychologie, Québec, Université Laval, 1996.

WERBER, Bernard. *Le jour des fourmis,* Paris, Albin Michel, 1992.

WILHELM, Richard. *Yi King: Le livre des transformations,* Paris, Librairie de Médicis, Paris VI, 1973.

WINNICOTT, Donald W. *Jeu et réalité: L'espace potentiel,* Paris, Gallimard, 1975.

REMERCIEMENTS

Il serait fort prétentieux de m'attribuer tout le mérite de l'écriture de ce livre. La création d'un ouvrage est un acte collectif tissé de multiples rencontres et de hasards nécessaires.

Tout d'abord, pour écrire ce livre, il aura fallu la rencontre de mon collègue et ami, Pierre Carpentier. J'ai croisé cet homme pour la première fois à la toute fin de mes études, alors que je consultais (sans permission) les livres de psychologie dans son bureau de neuropsychologue d'un hôpital de Québec. J'étais alors employé à la maintenance, et plutôt que de me dénoncer à mon supérieur, il m'a offert un poste de psychologue dans une nouvelle clinique qu'il était en train de mettre sur pied. Sans sa confiance soutenue, jamais je n'aurais poursuivi mes recherches pour écrire cet essai.

Puis j'ai fait la rencontre d'une femme remarquable, Chantale Landry, croisée par l'un de ces détours étranges de la vie, au moment où je faisais une brève apparition à la télévision. Cette amie très significative, qui me pousse à penser que peut-être les anges existent, me plaça sur le chemin des Éditions de l'Homme, un soir de déprime, alors que je m'apprêtais à partir en voyage. Cette femme a veillé attentivement à la révision complète du manuscrit et a enrichi mon texte de ses suggestions pertinentes. Son travail minutieux, digne d'une horlogère suisse, sa rigueur et sa franchise, alliés à une intuition impressionnante, auront permis de donner sa forme finale à ce manuscrit alors que le désordre régnait dans les premières versions.

Et pour que ce livre voit enfin le jour, il aura fallu la rencontre d'une femme exceptionnelle, Rachel Fontaine, alors responsable des projets aux Éditions de l'Homme, qui semble faire partie de la même communauté d'anges. Sans sa patience exemplaire, sa rigueur respectueuse, ses conseils judicieux, son soutien et sa confiance soutenue, jamais ce livre n'aurait pu émerger du chaos initial. Ma vie sera probablement trop courte pour lui exprimer toute ma reconnaissance.

Ma gratitude va également à toute l'équipe des Éditions de l'Homme. Particulièrement à Pierre Bourdon, l'éditeur, et à Florence Noyer, adjointe à l'éditeur, qui ont cru en mon projet ; à Sylvie Archambault pour son dynamisme et la promotion stratégique dans les médias, et à Fabienne Boucher pour sa gentillesse et sa délicatesse.

Je désire souligner l'apport précieux de l'écrivain Esther Croft, qui est entrée dans ma vie lors d'une conférence intitulée «Sortir de l'ombre». Grâce à ses ateliers d'écriture, elle m'a aidé à prendre ma place et m'a guidé patiemment dans cette quête perpétuelle qu'est la recherche d'un style. Je lui dois aussi d'avoir trouvé un titre génial et tout à fait… nécessaire.

Un autre écrivain exceptionnel, Isabelle Forest, m'a ramené les deux pieds sur terre lors de mon emballement naïf de la première version du manuscrit. Elle est apparue dans ma vie au cours d'une soirée de discussion sur le film *Le Prodige*. Sa rigueur affectueuse m'a permis de faire mes premières gammes dans ce métier si difficile d'auteur.

La rencontre de Pierre Ringuette est un autre cadeau du hasard. Je l'ai rencontré dans le cadre d'une soirée d'interprétation sur le cinéma, alors que mon chapitre sur la synchronicité et la culture me donnait du fil à retordre. Lecteur de première et de dernière heure, son intelligence sensible, ses conseils judicieux et ses intuitions magistrales m'auront permis d'approfondir ma pensée tout au long du processus de rédaction.

Ma gratitude va aussi à Michel Cazenave, un homme qui a fortement influencé ma conception de la synchronicité, qui a gracieusement accepté de signer la préface de cet ouvrage. Je ne saurais oublier Jean Désy, premier lecteur et défricheur d'idées. Nos longues conversations à l'île d'Orléans et ses idées passionnantes m'ont permis d'enrichir ce livre de ses connaissances et expériences si précieuses.

Ma reconnaissance va également à Robert Jasmin, «la synchronicité sur deux pattes» comme je me plais à le surnommer.

Je veux aussi souligner l'apport de Jan Bauer pour ses idées fascinantes lors de discussions sur les amours impossibles, de Monique Brillon pour ses conseils éclairés sur le métier d'auteur et de Christine Côté, correctrice des premières heures.

Encore une fois, ma gratitude va à des personnes qui sont apparues au hasard du processus de rédaction – Suzy Turcotte, Florence Vinit, Claude Montpetit, Patrice St-Louis – et à des êtres qui ont eu une influence plus subtile mais non moins importante : Monsieur Néron, un libraire dévoué de Québec, Hervé-Marie Gicquel, Marcel Gaumond et Charles-Rafaël Payeur.

Merci à toutes les personnes qui ont accepté de partager avec moi des fragments de leur roman personnel dans mon cabinet de consultation et qui, comme le dit si bien Winnicott, «nous payent pour nous instruire».

Merci aussi à Christine Maillard et Brigit Soubrouillard, du Centre européen d'études jungiennes de Strasbourg, qui m'ont permis d'exposer mes idées sur le sujet de ce livre lors de ma tournée de conférences en France. Ma reconnaissance va également à Yan Ballestra et toute l'équipe du groupe Le château des destins croisés, du département de psychologie de l'Université de Turin en Italie, pour m'avoir permis d'échanger mes idées avec le public italien. Je remercie aussi Liane Gabora, du Centre Leo Apostel de Bruxelles, qui m'a permis d'approfondir mes idées dans ce lieu extrêmement stimulant à l'hiver 1999.

Yvon Rivière et Le Cercle Jung de Montréal ont été des catalyseurs déterminants pour la création de ce livre en m'invitant à prononcer une conférence au printemps 2000. La Society for Chaos Theory in Psychology and Life Sciences et les congrès passionnants de Boston, San Francisco et Philadelphie m'ont aussi permis d'enrichir mes connaissances sur le chaos.

Je tiens à souligner le soutien constant de ma famille. Mon père Yves et ma mère Monique pour leurs encouragements soutenus et ma sœur Johanne pour la première lecture.

En terminant, je ne saurais oublier tous ces gens croisés chaque jour lors de ces détours nécessaires de la vie et qui ne sauront probablement jamais à quel point ils ont contribué à m'aider à devenir la personne que je suis.

Jean-François Vézina offre les ateliers suivants à Québec
ou sur demande :

Atelier d'approfondissement sur le sens
des synchronicités dans les rapports interpersonnels
et dans la culture.

Atelier d'exploration symbolique à partir du cinéma.

Atelier de réflexion sur les métaphores du chaos et
de la complexité pour les professionnels de
la relation d'aide.

Maison de psychologie Salaberry
975, rue de Salaberry
Québec (Québec) G1R 2V4
(418) 523-5643

WEB : www.microtec.net/jfvezina
Courriel : jfvezina@microtec.net

Les disques compacts des émissions *Projections* men-
tionnées dans ce livre sont disponibles sur demande.

TABLE DES MATIÈRES

Cet ouvrage a été achevé d'imprimer
au Canada en janvier 2002.